LP 201

Barbara Wright: Annemarie Schwarzenbach und vermutlich der Aktivist Myles Horton in Tennessee, November 1937.

Annemarie
Schwarzenbach

Jenseits von New York

Ausgewählte Reportagen, Feuilletons, Briefe und Fotografien aus den USA 1936–1938

Herausgegeben von Roger Perret

Lenos Verlag

Ausgewählte Werke von Annemarie Schwarzenbach
Band 4
Herausgegeben von Roger Perret

Die Autorin
Annemarie Schwarzenbach wurde 1908 in Zürich geboren. Studium der Geschichte in Zürich und Paris. Ab 1930 enge Freundschaft mit Erika und Klaus Mann. 1931 Promotion. 1931 bis 1933 als freie Schriftstellerin zeitweise in Berlin. Erstmals Morphiumkonsum. 1933 bis 1934 Vorderasienreisen. 1935 kurze, unglückliche Ehe mit dem französischen Diplomaten Claude Clarac in Persien. 1936 bis 1938 (Foto-)Reportagen im Zusammenhang mit Reisen in die USA, nach Danzig, Moskau, Wien, Prag. Entziehungskuren in der Schweiz. 1939 Reise mit Ella Maillart nach Afghanistan. 1940 Aufenthalt in den USA. 1941 bis 1942 in Belgisch-Kongo. Die Journalistin, Schriftstellerin und Fotoreporterin starb 1942 in Sils.

Der Herausgeber
Roger Perret, geboren 1950 in Zürich. Studium der Philosophie, Literaturkritik und Komparatistik in Zürich. Er befasst sich publizistisch vor allem mit Aussenseiterfiguren in der Schweizer Literatur. Herausgeber der Werke von Franco Beltrametti, Nicolas Bouvier, Alexander Xaver Gwerder, Annemarie von Matt, Hans Morgenthaler, Annemarie Schwarzenbach und Sonja Sekula. Herausgeber (mit Ingo Starz) des Hörbuchs *Wenn ich Schweiz sage … Schweizer Lyrik im Originalton von 1937 bis heute* und von *Moderne Poesie in der Schweiz. Eine Anthologie.* Roger Perret wurde für seine editorische Tätigkeit mehrmals ausgezeichnet.

LP 201

Erweiterte Neuausgabe
Erste Auflage 2018

Satz und Gestaltung: Lenos Verlag, Basel
Printed in Germany
ISBN 978 3 85787 801 5

www.lenos.ch

Inhalt

Epilog

Anhang I

Anhang II

Prolog

Das Ende des amerikanischen Optimismus?

Als ich, vor nun beinahe acht Jahren, zum erstenmal nach Amerika kam, und, eifrig und wissbegierig, wie ich war, versuchte, so etwas wie ein amerikanisches »Weltbild« zu entdecken, wurde mir das verhältnismässig leicht gemacht. Man sagte mir – damit fing es an –, dass der Amerikaner ein grundsätzlicher Optimist und dass diese Eigenschaft ihm angeboren und natürlich sei. Und damit hörte es auch auf: denn Optimismus war nicht nur ein nationaler Charakterzug, es war eine praktische, den geschäftlichen Interessen vortrefflich angepasste Weltanschauung. Und offenbar gab es in Amerika keine anderen als geschäftliche Interessen. Was aber den optimistischen Charakter der Amerikaner betraf, so war er nicht nur angeboren, er war gleichzeitig moralisch und tief berechtigt. Berechtigt – weil jeder neugeborene oder eingewanderte und naturalisierte Bürger der Vereinigten Staaten seinen Marschallstab im Tornister trug und entweder Präsident oder, im noch günstigeren Falle, Millionär werden konnte. Das war demokratisch, und daran glaubte jedermann – teils weil es immer noch Beweise gab, dass Zeitungsjungen zu Ölkönigen wurden, teils weil man ihn in diesem Glauben erzogen hatte. Es war ein traditioneller, ein aus historischer Erfahrung gewonnener Glaube. Denn die Historie Amerikas ist die Geschichte einer privaten und selbst in unserer Kolonialgeschichte beispiellosen Ausbeutung der vorhandenen Reichtümer, des Bodens und der Wälder, die unerschöpflich schienen, der Goldminen, der Bergwerke, der rasch aufschiessenden Industrien, und damit der Arbeitskräfte. Amerika hatte bis in die jüngste Zeit kein soziales Bewusstsein, kein Verantwortungsgefühl, weder gegenüber einer Gemeinschaft noch gegenüber den gemeinschaftlichen Gütern des Landes. Denn jeder hatte seine Chance, seinen Marschallstab, seine »Opportunity«: der Farmer, dessen Äcker durch schlechte Bewirtschaftung unrentabel geworden waren, wanderte nach Westen ab und fand an der »Grenze« neuen, besseren Ackerboden; die Holzhändler, die einen Wald abgeforstet hatten, kauften einen anderen Wald; der Neueingewanderte, der sich mit der niedrigsten und schlechtbezahltesten Arbeit zufriedengab, wusste, dass nichts ihn hindern würde, die soziale Rangleiter emporzuklimmen – man musste nur tüchtig, ein wenig skrupellos, und natürlich optimistisch sein. Und deshalb wurden »Opportunity« und »Optimismus« zwei Begriffe, die eine ganze Weltanschauung umschrieben. Zu ihnen gesellte sich ein besonderer, amerikanischer Freiheitsbegriff: Ellbogenfreiheit, die gegebenenfalls in Faustrecht ausartet.

Das Amerika, in das ich jetzt zurückgekehrt bin, ist ein anderes, ein tief verändertes Land. Es hat, im Verlauf der amerikanischen Geschichte, viele Krisen, mehr als eine Panik und tausend Zusammenbrüche gegeben – aber es gab auch Reserven, es gab eine offene Westgrenze, es gab unbegrenzte Möglichkeiten und den unbesiegbaren Optimismus. Es gab das heimliche Bewusstsein des Marschallstabs im Tornister. Die heutige Krise ist anderer Art, sie dauert, sie hatte ihre Höhepunkte, flaute ab und brachte eine wachsende Zahl von Problemen des wirtschaftlichen und sozialen Lebensprozesses ans Licht, deren man sich vorher nicht bewusst gewesen war. Bankkrachs, Streiks, Arbeitslosigkeit,

Sandstürme und Überschwemmungen, die die Farmer um ihre Existenz bringen – ein Angriff von so furchtbarer Wucht, dass ihm selbst der natürlichste und gläubigste Optimismus eines orthodoxen Amerikaners wohl nicht standhalten kann. Aber – zu meiner Überraschung musste ich es feststellen: der alte Optimismus lebt noch – zusammen mit der alten Doktrin von der »Opportunity«, zusammen mit der uralten amerikanischen »Freiheit« wird seine Existenz, seine Berechtigung und Notwendigkeit täglich in vielen Reden verkündet, auf Radiowellen übertragen, in Zeitungsartikeln wiederholt und manifestiert. Nur eines hat sich geändert: die Prediger des altgewordenen Optimismus sind ausschliesslich Republikaner, nur die reaktionäre Hearst-Presse benutzt die einst national-amerikanischen Schlagworte, der republikanische Präsidentschaftskandidat Alfred Landon ist der Vorkämpfer eines Ideals, dem doch offenbar die Wirklichkeit nicht mehr entspricht. Die Grundlage des Optimismus war die »Opportunity«, die Chance – aber heute ist die Westgrenze geschlossen, der Markt ausgebeutet, und die Industrie kann nicht mehr alle Arbeitssuchenden beschäftigen, die ihrerseits wenig Aussicht haben, Millionäre zu werden oder auch nur die nächste Stufe der sozialen Rangleiter zu ersteigen.

Diese Tatsachen einzusehen und zuzugeben fällt den Amerikanern schwer – am schwersten den privaten Unternehmern, die lieber im chaotischen Konkurrenzkampf aller gegen alle zu immer gröberen Mitteln greifen, als eine Einmischung in ihre Rechte zu dulden, die sie ihre »Freiheit« nennen. Diese Freiheit ist längst imaginär – eine schlechte Ausrede für den durch Generationen vererbten Instinkt, das

Land mit seinen wirtschaftlichen Gütern statt als öffentlichen und gemeinschaftlichen Besitz der Nation als ein Feld privater Ausbeute zu betrachten. Es gibt heute keine jungen amerikanischen Pioniere mehr, die im Planwagen über das Gebirge nach dem weiten, offenen Westen ziehen, um ihn in Besitz zu nehmen – es gibt keine jungen Pioniere mehr, die aus ihrem mutigen Optimismus ein Glaubensbekenntnis für die Zukunft ihrer Generation und ihres Landes machen könnten: statt dessen wird der seines Glanzes und seiner Frische entkleidete Begriff von zähneknirschenden alten Reaktionären, bedrohten Unternehmern, neunzigjährigen Veteranen aus dem Bürgerkrieg und von ihren in unzähligen Frauenligen vereinten Töchtern verteidigt, und die Worte »Opportunity, Optimism, Liberty« prangen heute zugleich eindeutig und sonderbar entstellt auf den Fahnen und Plakaten der Reaktion. Aber die Jugend Amerikas befindet sich zum grossen Teil in einem neuen Lager. Ich meinte, den Optimismus – er war mir eindrucksvoll im Gedächtnis geblieben – bei der Jugend zu finden, falls überhaupt die Krise ihn nicht völlig verschlungen haben würde. Der Irrtum scheint verzeihlich, wurde mir aber in jenem neuen Lager sehr übel genommen. Denn dort hasst man die Schlagworte Optimismus und Opportunität – oder vielmehr: man verachtet sie. Man ist der Ansicht, dass sie heute nicht nur ohne Grundlage sind, sondern irreführend, und gefährlich.

»Diese Begriffe« – so argumentieren die jungen Amerikaner im demokratischen Lager – »mögen einmal eine Tugend gewesen sein, heute sind sie ein Missverständnis. In Europa können gewisse Regierungen es sich anscheinend leisten, die Bevölkerung über ihre wahre Lage und über die wirklichen Schwierigkeiten hinwegzutäuschen, indem sie statt über diese Dinge über Nationalismus oder Rassenhass oder andere Gefühlskomplexe reden. Bei uns ist das nicht oder noch nicht in diesem Masse möglich, weil wir besser, klarer und realistischer zu denken gelernt haben. Wir wissen, dass kein Arbeitsloser eine ›Opportunity‹ hat, wenn nicht etwas dafür geschieht – wir wissen aber auch, dass wir in einem reichen Land leben, wo es weder Arbeitslosigkeit noch Hunger und Elend zu geben braucht, wenn nur das Richtige geschieht, um diese Übel zu bekämpfen.«

Diese jungen Leute sind, natürlich, die überzeugten Anhänger des Präsidenten Roosevelt und seines grossen Programmes, welches die gesamte Wirtschaft in den USA auf dem Wege einer gemässigten staatlichen Kontrolle organisieren will, sie sind »New Dealers«. Sie selbst nennen sich Pessimisten, weil ihrer Ansicht nach der amerikanische Optimismus heute zu einem Laisser-faire, zu einer Gleichgültigkeit verführt, die Amerika sich nicht mehr leisten kann, die ausserdem die aktiveren Kräfte privaten Egoismus stark werden lässt, bis die Optimisten von heute ihnen eines Tages ausgeliefert sind – und dann bleibt nichts mehr übrig als ein Fatalismus, der die chaotische Katastrophe wie ein Naturereignis erleidet. Wir kennen ihn aus Europa nur allzu genau.

»It can't happen here« – »Das ist bei uns nicht möglich«: Der Titel des neuen Romans von Sinclair Lewis formuliert treffend ebenjene optimistische Einstellung, welche von den »New Dealers« so bitter bekämpft wird. Ein Mann, der einen verantwortungsvollen Posten in den Büros des »New

Deal« bekleidet, sagte mir: »Wir werden unsere besten jungen Leute zu Pessimisten erziehen, damit wir sie als Kämpfer gewinnen, bevor es zu spät ist.«

Ich habe seither nie mehr verlauten lassen, wie optimistisch mich dieser aktive Pessimismus eines endlich zum Verantwortungsbewusstsein erwachten Amerika stimmte. Er unterscheidet sich aber so gründlich vom »heroischen Pessimismus« Spenglers, dass man darin einen neuen amerikanischen Optimismus entdecken könnte …

Reportagefahrt I 1936/1937

Amerikanische Landstrasse

Man warnte mich, als ich ankam, gleich vor einer, wie mir schien, sehr charakteristischen Erscheinung zur Erfassung des Landes: vor der amerikanischen Landstrasse. »Sie erhalten ein falsches Bild von Amerika«, sagte man mir, – aber ich fragte mich, inwiefern ein naiv empfangener Eindruck überhaupt ein »falsches Bild« ergeben soll? Man hatte mir dasselbe von New York gesagt, – vermutlich, damit ich mir nicht die »Main Street« kleiner Städte im Mittelwesten wie Wall Street, und die Pueblostädte der Indianer in New Mexico als Wolkenkratzer-Visionen vorstellen sollte.

Ich weiss, was sich hinter solchen Warnungen verbirgt: die Amerikaner haben es satt, von den Ausländern als ein Volk von Dollarraffern und standardisierten Fordbesitzern betrachtet zu werden, – ihr Land aber als der Untergrund für eine riesige Landstrasse, versehen mit Tankstellen und »Quick Lunch«-Essbuden, zu dem Zweck, New York und Hollywood möglichst bequem zu verbinden! Denn die Amerikaner sind Individualisten, sie lieben es gar nicht, klassifiziert zu werden, und sie dulden keine Einmischung in, und kein Urteil über das, was sie ihr Privatleben nennen.

Nach alter Pionierweise betrachtet sich jeder als »Selfmademan« oder als einer, der seine Chance hat, es zu werden, – und jeder besteht halsstarrig auf den Rechten, die ihm als Bürger eines demokratischen Staates zukommen. Als während der Wahlkampagne in einem Staat im Mittelwesten eine Landstrasse abgesperrt und vom Verkehr frei gemacht wurde, weil der Präsident vorbeikommen sollte, versuchten die Polizisten, einen Farmer zu bewegen, seinen alten Fordwagen mindestens aus der Fahrbahn auf den Strassenrand zu plazieren. Der Mann weigerte sich, erklärte, dass er für diese Strasse so gut seine Steuern bezahlt habe wie der Präsident, und dass er folglich das gleiche Recht habe, sie zu benutzen, wann immer es ihm passe. Er argumentierte so lange, bis der Wagen des Präsidenten ankam und dem Farmer notgedrungen auswich.

– Ja, die Landstrasse ist weitgehend öffentlicher Besitz, – und zwar, es ist nicht zu leugnen, Besitz der Fordwagen-Fahrer. Mögen die Amerikaner sich gegen solche generelle Bezeichnungen sträuben, – sie haben doch ihre Richtigkeit. Aber nicht, weil der Amerikaner kein Individualist ist, – sondern weil er, als Individuum, phantasielos ist. Und dies wiederum ist eine Folge des allgemeinen Zeitmangels, eine Folge des Umstandes, dass die meisten Amerikaner ganz in Anspruch genommen sind von der Notwendigkeit, Geld zu verdienen, – eine Folge des praktischen, amerikanischen Geschäftsgeistes. – Kehren wir zurück zu den Fordbesitzern: sie machen einen grossen Teil der Bevölkerung Amerikas aus, und sie sind die eigentlichen Erfinder der »High Roads«, der grossen Landstrassen. Zuerst wurde das billige Automobil erfunden, als Beförderungsmittel in Krieg und Frieden, zu Geschäfts- und familiären Vergnügungszwekken. Und für die Arbeiter und kleinen Geschäftsleute, die Verlobten und Familienväter, die ihren Ford auf Ratenzahlung hin erworben hatten, wurden dann die Strassen gebaut. Bei uns, im altmodischen Europa, versuchen Ausflügler, eigene Wege zu gehen, versteckte Picknickplätze zu entdecken, eigene Aussichtspunkte ausfindig zu machen.

Dafür hat der Amerikaner keine Zeit. Dafür legt er, während des Wochenends, mit Frau und Kind und Radioapparat, erstaunliche Strecken zurück – zum Vergnügen. Er und seinesgleichen bevölkern die Landstrasse, die, dunkel asphaltiert, durch weisse Streifen in zwei, drei, oder vier Fahrbahnen eingeteilt, schnurgerade durch eine sonderbar gleichförmige Vorstadtgegend eilt – Hunderte von Meilen weit. Ursprünglich dienten diese Strassen ausschliesslich dem Verkehr, oft folgten sie den mit sicherem Instinkt angelegten Indianerpfaden, oft waren sie die einzige Verbindung einsamer Pioniersiedlungen mit der übrigen Welt, das heisst mit dem Osten, mit den älteren Städten, mit der Küste, mit den Absatzmärkten. Man bemühte sich, neue Siedlungen in der Nähe der Landstrasse anzulegen, – und heute begegnet man all den sonderbaren »Dörfern«, die mit unserer Vorstellung von einem Dorf nicht gemein haben, – Siedlungen, die sich beiderseits der Strasse hinziehen, und die aussehen, als seien sie eben erst, in Eile und provisorisch, von Neuankömmlingen erstellt worden. – Heute aber bemüht man sich, die Siedlungen von den »High Roads« entfernt zu halten, oder, umgekehrt, beim Bau neuer Strassen die Siedlungen zu vermeiden, damit die Bewohner nicht ständig in Angst sein müssen, dass ihre Kinder überfahren werden. – Überhaupt hat die Landstrasse ein eigenes Leben entwickelt, – ein Leben, das nicht mehr notwendig nur dem Bedürfnis nach Verkehr, also einem nützlichen Zweck, entspricht, – sondern ein Wochenendvergnügungs- und Touristenleben, das in seiner Art unvergleichlich ist, eben amerikanisch. Hunderte von Meilen »Vorstadt« – das war mein erster Eindruck. Endlich merkte ich, dass diese Sorte von »Vorstadt« niemals aufhört, dass sie nichts mit der hinter und der vor mir liegenden Stadt zu tun hat, sondern mit der Landstrasse selbst. Die Landstrasse zieht auf beiden Seiten einen schmalen Saum von Land in ihren Bereich. Daraus entsteht etwas, das gleichermassen an Vorstädte, Rummelplätze, Chilbenen, Bazars und Budenstrassen in einem altmodischen Badeort erinnert. Da sind in erster Linie die Tankstellen, lockend bemalt, grosszügig angelegt, bedient von höflichen jungen Männern oder Mädchen in Uniformen, die aus dem Fundus einer Operettenrevue zu stammen scheinen. Zweierlei weiss der Eingeweihte über die Tankstellen: sie sind, im Bereich der Landstrasse, die einzigen Orte mit gutausgestatteten Toiletten und Waschgelegenheiten. Und – der Mann von der Tankstelle ist nicht nur über Strassen informiert, sondern auch über politische Dinge, wie etwa: die Aussichten für die Wahlkampagne, die Stimmung der Farmer ringsum und der Arbeiter in der nächsten Stadt, den vermutlichen Ausgang des Baseballspiels vom nächsten Sonntag.

Den Tankstellen stehen an Wichtigkeit die verschiedenen Essgelegenheiten wenig nach. Man kann nicht guten Gewissens ein weniger banales Wort gebrauchen, für diese in ihrer Banalität schon wieder fast romantischen Baracken, Bars und Buden, wo man in ziemlich gleichbleibend schlechter Qualität immer das Gleiche zu essen bekommt: Sandwiches, Hamburger, Hotdogs, manchmal Bohnensuppe.

Hotdogs – heisse Hunde – sind Würstchen zwischen zwei Brotscheiben, Hamburger sind gehackte Beefsteaks zwischen zwei Brotscheiben, Sandwiches bedeuten alles, bis zu Schweinebraten mit Erbsen, Kartoffeln und Apfelsalat mit Mayonnaise – zwischen zwei Brotscheiben. Dazu trinkt man Kaffee, zehnmal am Tag, einen sehr dünnen Kaffee mit viel sterilisierter Milch aus Glasnäpfchen.

Die nächste wichtige Einrichtung der amerikanischen Landstrasse sind die »Tourist Camps«. Hotels sind schlecht und teuer, ausserdem will man, einmal unterwegs, nicht in Ortschaften übernachten. Touristenlager sind romantisch und praktisch zugleich. Wegweiser zeigen an: »Kabinen zu vermieten«, – und auf einem Grasplatz, oft mitten im Wald, findet man eine Reihe von kleinen hölzernen Badekabinen, die sich als Schlafzimmer entpuppen: mit einem riesigen Bett, einer Waschschüssel, einer Bibel. Der Preis pro Kopf und pro Nacht ist meistens ein Dollar. In einer grösseren Baracke kocht eine rührige Besitzerin des Camps Kaffee bis spät in die Nacht und früh am nächsten Morgen. Da schläft man also, – neben jeder Kabine steht ein Fordauto wie ein treuer Wachthund.

Es gehört eine gewisse Übung und Technik dazu, die amerikanische Landstrasse zu benützen, auf der richtigen, durch weisse Streifen bezeichneten Fahrbahn zu bleiben, einen guten Hotdog-Stand von einem schlechten, und lausige Kabinen von sauberen, neugestrichenen zu unterscheiden. Um so leichter wird es einem gemacht, sich abends in der Bibel, oder, häufiger, im Gebetbuch auszukennen, denn da gibt es, auf der letzten Seite, ein Verzeichnis, eine Art von Gebrauchsanweisung: »Gebet im Fall von Krankheit, oder im Fall, dass die Geschäfte schlecht gehen.« Wichtig wäre eine Gebrauchsanweisung für alle Ratschläge, Warnungen und Einladungen, die den Neuling auf seinem Weg verwirren, etwa in folgender Art: »Stopp eine Meile von hier, nimm eine Dusche, und fühle dich zu Hause« – oder: »Fahre eine halbe Meile rückwärts, biege nach links ein, und du findest eine vorzügliche Hühner-Mahlzeit (›Chicken dinner‹) zu 45 Cents«, – oder endlich: »Bist du bereit, heute noch deinem Erlöser zu begegnen?« Wie weit käme der Unglückliche, der allen Ratschlägen Folge leisten würde?

Aber, einmal mit den Eigenheiten, dem allgemeinen Charakter der Landstrasse vertraut, beginnt man, auf ganz andere Dinge aufmerksam zu werden. Da sind die Buden am Wegrand: mit buntgestrichenen Karussellpferdchen, die die Reisenden kindlich erfreuen sollen, aber auch mit allerhand Farmprodukten, die je nach dem Staat, den man gerade durcheilt, verschieden sind. Mais, Früchte, Tomaten, Honig, Töpfereiwaren, – und, im gebirgigen Vermont, »Maple sugar« werden zum Verkauf geboten. Man erfährt, dass Farmer, die zu weit von einem Marktplatz entfernt wohnen, um ihre Produkte absetzen zu können, einen Stand an der Landstrasse errichten, um so ihr Einkommen an Bargeld zu erhöhen. Und man weiss, dass man sich, wenn vor holländisch anmutenden Bauernhäusern Blumen angeboten werden, in Pennsylvanien befindet. Hoch oben im Norden aber gibt es weniger Buden, die Strasse hat nur noch zwei parallele Fahrbahnen und windet sich über Hügel und durch einsames Waldgebirge. Man wird aufmerksam auf die Verschiedenheiten, und man wird allmählich den ersten Stimmen zugänglich, die vor den Landstrassen warnten: sie geben zwar kein falsches Bild, aber dieses Bild ist nicht mehr so wichtig, – sollte es jedenfalls nicht mehr sein. Denn das amerikanische Bewusstsein macht eine Wandlung durch, es erkennt die Versklavung durch Dollarjagd, Fordwagen und eine Technik, die sich vom Menschen emanzipiert hat, statt ihm zu dienen. Und wie sich das neue, junge Amerika wegwendet von der Metropole New York, und »Amerika« in den vielfältigen Städten und Städtchen entdeckt, – so wendet es sich ab von dem standardisierten Eigenleben der grossen Landstrasse, zweigt ab in das Hinterland mit seinem vielfältigen Atem, seinen vielfältigen Lebensformen, den Quellen seiner besseren Zukunft.

Jenseits von New York

»Holland Tunnel« heisst der dunkel-feuchte, lau temperierte, von grünen Warnsignalen und weissen Lampen erhellte Gang, der den Autofahrer aus der Riesenstadt New York unter dem Hudsonfluss hindurch ans andere Ufer führt. Hupen ist nicht erlaubt, der Lärm der Strassenschluchten verstummt, die Sirenen der Schiffe werden verschluckt im Strom, der sich über die gewölbte Decke des Tunnels wälzt, und das gleichmässige Summen der Automobile wirkt beinahe wie Stille. Man taucht unter, dahin, wo es den Unterschied von Tag und Nacht nicht mehr gibt. Im selben Augenblick ist man gefangen und entwaffnet; es gibt kein Zurück und kein Halten und keine andere Wahl, als den grünen Lichtern und weissen Pfeilen zu folgen, ein Glied in der Kette der Wagen. Und wie der Fuchs in Franz Kafkas traumdeutender Erzählung, der in seinem Bau das Ohr an die Wand legt und plötzlich jenseits ein leises Geräusch vernimmt: den Nachbarfuchs in seiner Höhle – so hört man, während man gleichmässig dahinrollt, ein verwandtes und gleichmässiges Summen jenseits der Tunnelwand: die Kette der Wagen, die auf paralleler Bahn, aber in umgekehrter Richtung, den Strom durchqueren.

New York versinkt: die Vision des gigantischen Babylon, dessen Türme aus dem Meer emporwachsen. Und es ist kein Zufall, dass gespenstische, langsam in den Nebel des Hudson gleitende Fähren oder der Unterwassertunnel uns hinaus- und hinüberführen, es ist kein Zufall, dass dies alles dumpfe Traumatmosphäre ist – denn drüben, in Jersey, Hoboken und Newark, ist New York nicht zu Ende, und die Ausfahrt ist keine Befreiung: Dort ist die Hinterbühne, der Gürtel, die grausige Wirklichkeit jener Vision einer »übermenschlichen Stadt«, als die man New York unter ästhetischem Blickwinkel betrachten kann. Gärten und Obsthaine, Wälder und grüne Auen luden einst die Städter zum Osterspaziergang ein; New York aber, diese »Idee einer Stadt«, diese steinerne Monstrosität, deren von den Menschen zu ihrer Bequemlichkeit erfundener Verkehr heute schon den Erfinder willen- und hilflos in seinen Bann schlägt – New York hat auch die Landschaft ringsum aufgefressen, und die Menschen, die dort leben, atmen, arbeiten müssen, tun es unter unmenschlichen Gesetzen.

Der Tunnel ist zu Ende; riesige Pfeile, auf die Fahrbahn gemalt, weisen mich in die Richtung, in der sich mein Wagen fortbewegen soll; ein »Traffic circle«, ein Verkehrsring, mit vielen Schildern und den Namen von Städten – aber eine grüne Lampe leuchtet auf, da gibt es keine Möglichkeit anzuhalten, sich zu besinnen und zu entschliessen, ich muss auf den Gashebel drücken und fahren, am laufenden Band, Glied in der Kette. Ich werde in eine grosse Strasse mit vier parallelen Fahrbahnen gedrängt; schon sagen grosse Buchstaben »rechts oder links Abbiegen verboten«, und grausig prägt es sich ein: Wenn ich dort hinten, am Verkehrsring, einen Fehler gemacht, einen Irrweg eingeschlagen habe, werde ich ihn nie wieder ändern und gutmachen können. Ich bin gefangen in der grossen Maschine des Verkehrs, in der technischen Wundererfindung, der *machine infernale.* Und es gibt kein Halten. Die Strasse führt in sanfter Steigung aufwärts, wird zur Brücke, und vor mir tauchen riesige Bögen auf, eine, zwei, drei Brücken, die letzte nur noch zart angedeutet, unendlich weit entfernt im rötlichen Abendhimmel. Sie führen nicht über Flüsse, sondern über die Erde, die man nicht mehr bewohnen, betreten, befahren kann.

Diese Erde ist eine Ebene, ein flaches Becken, ein Trümmerfeld. Die Farbe ist die von Eisen und Rauch, bläuliches Schwarz und Grau, dazwischen Wasser, Sumpf oder Überschwemmung, dunkle, spiegelnde, faulige Lachen. Batterien von Fabrikschloten tauchen auf, Funkengarben steigen und fallen wie Sternschnuppen, Rauchfahnen bilden Wolken und ziehen mit dem Wind. Zwischen Kaminen und stehendem Wasser aber gibt es menschliche Siedlungen, geschwärzte Baracken, Reihen von Arbeiterwohnungen, eine verblichene Holzfassade, blinde Fenster, dahinter Höfe, von Backstein oder Bretterwänden eingefasst. Dort hängt Wäsche, dort stehen Töpfe mit kümmerlichen Pflanzen, dort spielen Kinder. Wo sonst können sie spielen? Auf der Strasse ist es zu gefährlich, und bis »ins Freie« wäre es ein hoffnungslos weiter Weg. Unter den Eisengerüsten der Hochbahnen aber, zwischen den Autofahrbahnen, die sich rechts und links säumen, gibt es viereckige, von hohen Gittern wie Käfige abgeschlossene Plätze, Pflasterboden, als Himmel die Bohlen der Schienen; Emailschilder der Polizeibehörden teilen mit, dass diese Käfige »Kinderspielplätze« sind, wo die Eltern ihre Kleinen tagsüber abgeben können. Man hat auch, wohlmeinend, ein paar gusseiserne Schaukeln und Turngeräte aufgestellt.

Ja, man hat hier, jenseits von New York, für alles gesorgt, was Menschen von heute zu ihrer Existenz nötig haben. Es gibt nicht nur Fabrikschlote, Fabrikhöfe und Eisenlager. Es ist nicht, wie man zuerst glauben möchte, nur ein Abfallhaufen der Industrie. Es ist nicht nur eine riesige Arbeitsstätte. Die Namen Hoboken, Newark und Camden bezeichnen nicht nur Quartiere dieser traurig-unmenschlichen Landschaft, es sind die Namen von Städten. Sie sind schwer zu erkennen, es gibt kein Tor und keinen Kirchturm und kein Rathaus, und ihre Grenzen gehen ineinander über. Aber es gibt eine Polizeistation. Einen Drugstore. Ein paar Kinos, welche alte New Yorker Erfolgsfilme bringen. Und viele Tankstellen …

Nun bin ich schon über drei der gewaltigen Brückenbogen gefahren. Die Bahn führt abwärts, mündet in die Main Street einer dieser Städte. Führt durch einen ununterbrochenen Vergnügungspark von Lichtreklamen, feurig sich drehenden Rädern, grell bemalten Baracken. Führt schliesslich hinaus, so denkt man. Aber wo die Städte, Fabriken, Hochbahnen zu Ende sind, beginnt die trostlose Weite von verdorbenem, sumpfigem, mit Alteisen bedecktem, totem Land. Irgendwo sind junge Arbeitslose am Werk, zu klären und zu säubern, zu entsumpfen, Gras oder Bäume zu pflanzen; ein Regierungsprojekt, aussichtsloser, als was die Griechen sich ausdenken mochten: einen Stall zu säubern, einen Stein hügelwärts zu rollen und ein vielköpfiges Ungeheuer zu enthaupten.

Weit im Westen schimmert rötliches Abendlicht. Hier aber, über der »Zukunftslandschaft«, scheint es keinen hellen Tag und keinen sinkenden Abend zu geben: Ein unverändert grauer Himmel lagert niedrig über dem wüsten Chaos, Rauch und rieselnder Nebel verhüllen gespenstisch und fast grossartig düster, was sonst nackte Hässlichkeit wäre. Und wie der Leib einer Riesenschlange schwingen sich neue Hochbrücken darüber und verhelfen mir endlich zur Flucht …

Unbekanntes Washington

Washington ist keine Grossstadt, sie hat nichts von der atemraubenden und manchmal beklemmenden, gigantischbewegten Monumentalität New Yorks, und sie hat keine Ähnlichkeit mit den grossen, amerikanischen Städten, deren Main Street mit Bankhaus, Lichtreklame, verstreuten Wolkenkratzern und Warenhäusern ein Symbol provinzieller und seelenloser Öde geworden ist. Washington ist überhaupt nicht typisch, sondern ein Einzelfall: die Kapitale der Vereinigten Staaten. Die Fremden kommen hin, um das Kapitol zu sehen, das in klassischer Weise und strahlender Reinheit inmitten der weitausgebreiteten Stadt thront und von dessen rundem Platz aus die grossen, breiten Avenuen sternförmig ausstrahlen. Das gleiche Bild wiederholt sich in einer Reihe kleinerer Rasen-Zirkel, wo in früheren, bewegten Zeiten Kanonen aufgestellt wurden, während heute Negerburschen auf Rollschuhen um ein Reiterstandbild kreisen und eine Flut von Automobilen sich unaufhörlich in die Strassen ergiesst und wieder in den »Circle« mündet. Nirgends gibt es so viele Automobile wie in Washington, nirgends sind sie notwendiger, nirgends ist so viel Raum für sie vorhanden: denn die Grosszügigkeit, die Raumverschwendung dieser sinn- und planvoll angelegten Stadt ist erstaunlich. Fast ist es eine »Gartenstadt«, in ihrem engeren Umkreis befinden sich Rock Creek, Anacostia und Potomac Park, Tennis-, Golf- und Poloplätze, und in ihrem Zentrum, in gerader Linie vom Kapitol zum schlanken Obelisken des Washington Monument und vom Obelisken zum griechischen Tempel des Lincoln Memorial, zieht sich eine breite spiegelnde Wasserbahn, gesäumt von breiten Rasenbänken, im Sommer von Ruderbooten bevölkert, im Winter ein grossartiger Eislaufplatz.

Das ist das offizielle Washington, eine Stadt, in der Diplomaten, Regierungsbeamte und die neun greisen Richter des Obersten Gerichtshofs wohnen, und ausserdem der Präsident im Weissen Haus, dessen Garten in einen öffentlichen Park übergeht, wo sonntags die Burschen Fussball spielen und die Familien sich auf dem Rasen zum Picknick niederlassen.

Die Damen von Washington fahren, wenn die Saison beginnt, nach New York, um Kleider zu kaufen, Ausstellungen und ein paar neue Theaterstücke zu sehen, und um sich einmal richtig grossstädtisch zu amüsieren. All das kann man in Washington offenbar nicht tun. Die Journalisten, die manchmal in der Kapitale zu tun haben, langweilen sich abends schrecklich und sehnen sich nach New York zurück – aber auch Philadelphia oder sogar Baltimore ist ihnen lieber als das offizielle Washington. Keine netten Nightclubs, keine gute Tanzmusik, und um elf Uhr ist es still in den Strassen …

Ein wenig anders denken die »New Dealers«, die tausend jungen Leute, die in den Verwaltungsbüros des »New Deal«, Roosevelts grossem Wiederaufbau-Plan, Arbeit gefunden haben. Für sie ist Washington wirklich die Kapitale, das Zentrum des neuen Amerika, wo für eine bessere Zukunft geplant und gearbeitet wird. Diese Leute langweilen sich nicht – sie haben auch gar keine Zeit dazu, und sie interessieren sich glühend für Politik, Wirtschaft, soziale

Fragen, für moderne Kunst, für die neue »amerikanische« Kultur, für Fresken, künstlerischen Film, Architektur, dies alles bezogen auf den »New Deal«, dies alles zusammen eine Art von unblutiger Revolution, von Aufbruch und Zukunftswillen.

Die »New Dealers« haben das Gesicht von Washington verändert: für sie waren Tanzlokale und feine Nachtklubs nicht nötig, wohl aber eine Anzahl billiger Restaurants, und sie vermissen kein grossstädtisches Nachtleben, sondern planen, ein »Washington Civic Theatre«, ein »ziviles« Theater, zu eröffnen, wo man statt New-York-Broadway-Erfolgsstücke gutes, modernes Schauspiel geben wird. Und sie wollen ein eigenes Kino haben, um anstelle mässiger und jedenfalls uninteressanter Filme Marke Hollywood neue Propagandafilme, russische Filme, künstlerisch und sozial wertvolle Filme sehen zu können.

Selbst die Diplomaten, einstmals Washingtons Tonangeber, sind vom Heer der jungen Anhänger Roosevelts besiegt und in den Hintergrund gedrängt worden. Und statt in den breiten, grüngebetteten Avenuen der Gesandtschaftsviertel wohnen diese jungen Leute in Georgetown, dem ältesten Teil von Washington, wo es auch viel Grün und eine Unzahl winziger, weissgemalter, schon etwas baufälliger Häuschen mit kleinen Gärten, alten Ziegelsteinmauern und malerischen Höfen gibt. Georgetown ist vor langer Zeit von den weissen Hausbesitzern verlassen worden, die Neger rückten nach und bewohnten mit ihren Kinderscharen sorglos und schlampig die kleinen, niedrigen, stilvollen Zimmer aus der Kolonialzeit. Dann wurden ihnen die Häuser wieder abgekauft, man strich die Wände, baute die Kamine aus Backstein wieder auf, brachte alte amerikanische Möbel, Sessel, Schreibtische, Bilder und allerhand kupfernes und hölzernes Museumsgerät herbei und liess nur den wildwuchernden Garten in Frieden. Jetzt wohnen Neger und Weisse friedlich nebeneinander, und wenn man abends vom Büro zurückkommt und durch die Strassen des alten Georgetown fährt, sitzen die Schwarzen auf ihren Türschwellen und singen …

Da empfindet man plötzlich, dass Washington, dessen Avenuen, Monumente, Regierungsgebäude und Rasenplätze überall hätten errichtet und angelegt werden können – dass diese »offizielle« Stadt schon eine Stadt des Südens ist, in deren lauer, feuchtheisser Luft die Weissen an Fieber und Schwäche zugrunde gingen, die Neger aber sich wohl und zu Hause fühlten. Noch im September ist die Hitze drükkend, die Luft erschlaffend, und die Feuchtigkeit rollt das Papier zusammen, das man auf dem Schreibtisch liegen liess. Und gerade im September, wenn drüben in Europa der Herbst beginnt, bricht hier der »Indianersommer« aus, dringt wie Fieber in die überreizten Nerven, bringt lange, schwüle Nächte, und der Himmel bleibt hell.

Jetzt ist die Zeit, um Washingtons heimliche Natur zu entdecken, sich an die breiten Sümpfe zu erinnern, die ihren schweren und giftigen Atem unterirdisch verströmen, jetzt ist die Zeit der Abende am Ufer des breiten, langsamen, majestätisch glänzenden Potomac-Stroms, dessen Name indianisch ist, und der Nächte auf dem grossen Flugfeld von Washington. Airport – Taxichauffeure fahren mit ihren Mädchen über die prächtigen Brücken und vierspurigen Strassen dort hinaus, halten vor einem der kleinen Restaurants, die zusammen mit Tankstellen, Zigarettenständen eine Art von Budenstadt bilden. Man kann im Wagen sitzen bleiben, Kaffee, Sandwichs und Ice cream werden auf eigens dafür geschaffenen Tabletts serviert, die man am Wagenfenster befestigt. Und während man kalten Schweinebraten auf heissem Toast verzehrt, sieht man die Flugzeuge mit Funkenschweif durch den farbig gestreiften Himmel sausen, über den roten Landungslämpchen, und das Surren der schweren Motoren übertönt das sonderbar hochstimmige Geschrei streitender Neger und die von Reklamereden unterbrochene Jazzmusik aus einem unsichtbaren Lautsprecher. Airport ist nicht nur ein Flughafen, es ist ein beliebter Treffpunkt der Unterwelt, es wird viel Schmuggel getrieben, viel »Schnee« verkauft – so nennt man im Kreis der Eingeweihten das giftig-glitzernde Pulver des Kokains.

Washington besitzt auch einen Flusshafen, Markt- und Stapelplatz der Produkte des Südens, die auf kleinen Dampfern flussaufwärts gebracht werden. Nachts sitzen die Schiffer auf dem Deck, beim trüben Schein einer Petroleumlampe, rauchen, spucken Kautabak aus und bieten einem, wenn man vorübergeht, Melonen und schillernde Fische zum Kauf an. Neger schlafen, langausgestreckt, das Gesicht auf der Mütze, auf dem leise schwankenden Schiffsbug. Am Hafen treiben sich auch die Negerjungen umher, kleine, verlumpte, magere Burschen, sammeln Zigarettenstummel und tanzen nacktfüssig oder steppen in zerrissenen Stiefeln, begleiten sich selbst mit leisem Pfeifen und warten, bis man ihnen von der hölzernen Galerie des Hafenrestaurants ein paar Centstücke herunterwirft. Dann stürzt sich das ganze Rudel lautlos auf die Beute, in einer Sekunde ist es nur noch ein Knäuel verbissen Kämpfender, der sich erst auflöst, wenn ein Polizist mit dem Motorrad über den Platz rast – Jagd auf Bettler und Fischräuber. Das Motorrad verschwindet so schnell, wie es aufgetaucht ist, einige Minuten bleibt der Platz leer, dann sind die Steptänzer alle wieder da, pfeifen, tanzen und singen für die feinen Leute, die oben beim Schweizer Wirt Hummer, Krabben und frische Flussfische essen und sich originell vorkommen, weil sie sich in diese dunkle Hafengegend vorgewagt haben …

An den Hafen grenzt die Strasse Nr. 2, und hier wohnen die Neger. Sie wohnen auch weiter oben, in der Nähe der Geschäftsviertel, inmitten rollender Lichtreklamen, sie haben dort ihre eigenen Bars, wo selten ein Weisser erscheint und wo der »Afro-American« verkauft wird, eine grosse Negerzeitung mit politischen Nachrichten, viel Mord- und Entführungsfällen und einer Spalte »Nachrichten aus der Gesellschaft«: über Hochzeiten, Wohltätigkeitstees und mit Photographien junger Negerschönheiten, die diesen Winter debütieren, alles ganz wie bei den Diplomaten und den Millionären in New York. Und im Negertheater werden Filme mit Revolverschüssen, Gangsterjagden und Familienmorden vorgeführt; daneben aber spielt Duke Ellington, den man in New York und in der ganzen Welt gefeiert hat, mit seiner Jazzband für ein begeistertes, fast ausschliesslich schwarzes Publikum.

Strasse Nr. 2 aber ist ganz anders. Sie liegt in einer anderen Stadt, in einer anderen Welt. Sie ist breit und dunkel und still. Aber die tausend kleinen Geschäfte sind grell erleuchtet und erinnern seltsam an orientalische Bazargassen, und aus den Höfen hört man den schwermütigen Gesang, der fremd ist in dieser Stadt und überall fremd und verloren und ausgestossen, zugleich wild und religiös, zugleich Kriegsgesang aus dem Dschungel und inbrünstige Frömmigkeit, langgezogen, gleichmütig, aber mit dem erregenden Unterton von Lockung und tiefer Klage. In der lauen Nachtluft sitzen die schwarzen Mütter auf ihren Türschwellen und wiegen ihre Säuglinge. Wenn man den Wagen anhält, schiesst ein Negerjunge blitzschnell aus dem Dunkel, springt auf das Trittbrett und bietet mit wortloser Geste eine Schachtel Streichhölzer an …

Die »eiserne Stadt« Amerikas

»Kleiden Sie sich unauffällig. Halten Sie nicht beständig eine Leica ans Auge gedrückt. Lassen Sie Ihren Ford nicht zu oft waschen!« – Das waren die letzten Instruktionen, die ich in Washington erhielt, bevor ich in die Kohlengebiete der Alleghenies und in das gewaltige Stahlzentrum der Vereinigten Staaten, die »eiserne Stadt« Pittsburgh, aufbrach.

Man hatte mich vorbereitet, als sei ich ein Kriegsberichterstatter, der sich an die Front begeben wolle. Man hatte mich sogar gewarnt. Der General-Motors-Streik war in vollem Gange. Ich hatte mich in Washington über die Objekte des Kampfes und der ganzen amerikanischen Labor-Bewegung orientieren können. Ich wusste, es ging nicht um Lohnerhöhungen, sondern um prinzipielle Forderungen von ungeheurer Tragweite. Die Schlagworte »Industrie-Gewerkschaft« (Industrial union) anstelle von »Fach-Gewerkschaften« (Craft union) oder Organisationen innerhalb der Fabrikbetriebe einzelner Unternehmergesellschaften (Company union) waren mir ebenso geläufig wie der Begriff des »Kollektiven Verhandelns«, das von Roosevelt selbst als Lösung des Streikproblems empfohlen, aber von den Unternehmern bitter bekämpft wurde, weil es der Arbeiterschaft eine legale Basis und eine legale Vertretung für ihre Forderungen geben würde. Der Arbeiterführer John L. Lewis, ein Bergmann aus Wales, forderte die Anerkennung seiner Industrie-Gewerkschaften als Repräsentantin aller in einer Industrie vereinigten Arbeiter und Angestellten. Die Unternehmer fürcheteten ihn mehr als die ganze Kommunistische Partei (der er nicht angehört) – viele hielten ihn bereits für den mächtigsten Mann Amerikas. Man wollte gern den Arbeitern entgegenkommen, ihnen innerhalb der Fabrik eine Quasi-Interessenvertretung gewähren, die man immerhin in der Hand behielt, da die von den Arbeitern gewählten Vertreter ja Angestellte der Firma waren und also nötigenfalls entlassen werden konnten. Aber man wollte keine »Einmischung von aussen«, keinen unabhängigen Gewerkschaftsführer wie John L. Lewis, der Macht besass und sich anmasste, wie ein gleichberechtigter Partner mit den Fabrikherren und -direktoren zu verhandeln.

Die Arbeitsministerin Miss [Frances] Perkins sass, etwas besorgt und verängstigt, zwischen den gewalttätigen Vertretern von »Kapital« und »Arbeit«, den beiden grössten Mächten Amerikas – und amtierte als Vermittlerin der Regierung.

Lewis hatte bereits die Bergarbeiter als »United Mine Workers of America« organisiert. Er leitete den Automobil-Streik. Er war dabei, die Stahlarbeiter Pittsburghs zu organisieren.

Ich fuhr mitten in das Kampfgebiet.

Die Strasse durch die Blue Ridge Mountains ist dieselbe, auf der während zwei Jahrhunderten die Pioniere Amerikas, von der Ostküste kommend, das Gebirge überwanderten und in die westlichen Ebenen, das reiche Land der Verheissung, hinabstiegen. An einer Stelle, wo die Strasse tief durch die Hügel geschnitten ist, ist die Erde nicht mehr rötlichgelb, sondern schwarz. Man hat durch das riesige Kohlenlager der Alleghenies geschnitten, einer der grössten Reichtumsquellen Amerikas – und fortan kann man die Kohle förmlich aus dem Boden hervorbrechen sehen, die Ränder

der Strasse sind schwarz, die Hügel sind schwarz, die Farmhäuser stehen auf schwarzem Grund, und am Horizont erheben sich die ersten Schlackenberge, düstere Wahrzeichen des Kohlenbeckens.

In Scotts Run erinnerte ich mich an die Instruktion, die ich in Washington mit ungläubigem Lächeln entgegengenommen hatte: ein Mann ging auf den Bahnschienen, einen Sack auf dem Rücken. Ich photographierte ihn, als er vorüberging. Er hielt an, betrachtete meinen Apparat und fragte: »Wollen Sie sagen, dass Sie mich soeben photographiert haben?«

»Ja«, sagte ich, »ich habe ein Bild gemacht.«

»Das nächste Mal, wenn Sie mein Gesicht aufnehmen wollen, könnte Ihre Kamera leicht zerbrechen«, sagte der Mann und ging weiter.

Ich blieb mehrere Stunden in Scotts Run, trank eine Tasse grauen »Milchkaffee« in der einzigen offenen Bude, die ich finden konnte, photographierte die elenden Arbeiterwohnungen, wacklige Zigarrenkisten, die sich reihenweise den schwarzen Hügel hinanzogen und das Flussufer säumten. Blinde Fenster, zerbrochene Scheiben mit Zeitungspapier verklebt – elend gekleidete Frauen, die Wäsche im eisigen Flusswasser spülten. Allmählich geriet ich mit den Männern ins Gespräch – Negern und Weissen, Knaben, Greisen, zahlreichen Krüppeln –, die alle an der Wand des einzigen Drugstore sassen oder in Gruppen umherstanden und sich in der Mittagssonne wärmten.

»Was ist los?« fragte ich, »habt ihr alle keine Arbeit?«

»Die Company hat Bankrott gemacht«, antworteten sie mit einem rachsüchtigen Lächeln, »die Grube war ein

Kriegskind. Zu schnell aufgemacht, schlecht ausgebeutet. Jetzt ist sie geschlossen.«

»Und wovon lebt ihr?«

Sie brachten etwas amerikanischen Humor auf. »Von Kaugummi«, sagten sie, »und von Quäkersuppe – wir dachten, man sehe es uns an!«

Die Quäker, »Friends Association« nannten sie sich dort, hatten in Scotts Run eine Suppenküche aufgemacht. Man ass die Suppe – aber man würzte sie mit Ärger und Verachtung. Der Amerikaner liebt keine Wohltätigkeit. Gesunde Männer haben ein Recht auf Arbeit ...

Es gibt, wenige Stunden von Scotts Run, ein Projekt der Regierung, welches das Odium der »Wohltätigkeit« vermieden hat und einigen tausend arbeitslosen Bergleuten eine positive und aufbauende Form der Unterstützung bietet: die »Westmoreland Homesteads« bei Mount Pleasant, Pennsylvania. Mitten in den Kohlenfeldern von Frick, die teils während der Krise 1932 verlassen, teils später zugunsten leichter auszubeutender Gruben aufgegeben wurden, hat die von Roosevelt ins Leben gerufene »Behörde für Umsiedlung« (»Resettlement Administration«) ein grosses Stück guten Landes gekauft und eine vorbildliche Siedlung errichtet. Die Siedler – alles arbeitslose Bergleute – erhalten auf langfristige Abzahlung ein Haus, ein Stück Gartenland und werden je nach Eignung bei den Bauten, in der Verwaltung oder auf der grossen, kooperativ betriebenen Farm beschäftigt. Es gibt einen Drugstore, eine Tankstelle (die Grundpfeiler einer amerikanischen Kommune!), einen Theatersaal, eine Bibliothek, einen Sanitätsdienst, eine Beratungsstelle für die Frauen und Mütter; es gibt Vorträge,

Fortbildungsmöglichkeiten, Versammlungen des »Kollektivs der Siedler«; und es gibt vor allem einen energischen, gescheiten, warmherzigen »Manager«, der von früh bis spät für alles und für alle da ist. Er hat mir die Schwierigkeiten seiner Aufgabe auseinandergesetzt: »Es ist ein Erziehungsproblem«, sagte er, »ich habe mit Leuten zu tun, die aus dem Sumpf der Arbeitersiedlungen auf den Gruben kommen, mit Leuten, die nur die niedrigste Form menschlichen Zusammenlebens kennen, nämlich die stumpfe und vollständige Abhängigkeit vom Grubenaufseher, der sie wie Schafe behandelt hat. Sie waren eine Herde von Arbeitstieren – und hier verlangt man von ihnen persönlichen Einsatz, Initiative, Verantwortung; sie sollen nützliche und ordentliche Mitglieder dieses Kollektivs sein. Ausserdem sollen sie tüchtige Farmer und ihre Frauen tüchtige Mütter und Hausfrauen werden.«

Westmoreland war ein Lichtblick auf dieser Reise durch einen düsteren Teil des neuen Weltteils. Aber schon am nächsten Abend, in der kleinen Stadt Mount Pleasant, stimmte mich ein Gespräch mit einem schottischen Kohlenarbeiter nachdenklich.

»Westmoreland«, sagte er (wir sassen in einer winzigen Bar und tranken einen scheusslichen Korn-Whiskey), »Westmoreland ist schon recht. Wenn ich arbeitslos wäre, würde ich mich als Siedler nach Westmoreland melden. Aber wahrscheinlich nehmen sie gar keine neuen mehr. Und übrigens – das ist Sanitätsdienst nach der Schlacht. Ein Bergmann, wissen Sie, bleibt am liebsten ein Bergmann. Das sitzt im Blut. Und rechnen Sie mal aus, was Westmoreland die Regierung gekostet hat! Um ein- oder zweitausend

Leute unterzubringen! Dabei wimmelt es ringsum von ›Geisterstädten‹, wo die Leute nichts zu fressen haben.«

»Sind Sie organisiert?« fragte ich ihn.

»Nein«, sagte er, »ich bin für die Freiheit. Ich lasse mich nicht mit einem dreckigen Slowaken oder Nigger zusammen organisieren. Und jeden, der mir die Stelle wegnehmen will, schlage ich knockout.«

Das war die gute alte Auffassung der amerikanischen Freiheit. Und der, der knockout geschlagen wurde?

Das Gegenstück zu dieser Erfahrung sah ich an einem der nächsten Sonntage, an einer Versammlung der »Vereinigten Bergarbeiter Amerikas«, in der Isabella-Grube bei Uniontown. Frauen nahmen an der Versammlung teil. Ein blonder Bergarbeiterssohn sass eng umschlungen mit einem kleinen Negerjungen – beide lauschten gespannt auf die Reden des Gewerkschaftsführers, eines sympathisierenden Senators, eines Pastors und eines Arbeiters, der eben aus dem Streikgebiet von Flint zurückgekommen war. Es ging ruhig und ernst, beinahe »bürgerlich« zu. Man sang die Nationalhymne und liess Roosevelt hochleben. Man warnte vor den Spitzeln und Streikbrechern, die von der Gesellschaft in die Reihen der Arbeiter geschickt werden, um die Organisation zu verhindern, die Gewerkschaft zu unterminieren. »Fragt einen solchen Mann«, hiess es, »wer seine Miete und sein Benzin bezahlt« – denn Benzin gehört zu den einfachen Lebensbedürfnissen des Amerikaners wie Miete, Brot und Milch. Und immer wieder wurde an den Grundsatz erinnert: »Nur wenn wir einig, wenn wir organisiert sind und durch fähige Männer, die wir selbst gewählt haben, repräsentiert werden, können wir etwas erreichen.«

Die Tage waren ausgefüllt mit Arbeit, Gesprächen, Besuchen. Ich fuhr meistens während der Nacht – und ich habe daher den Eindruck, als sei ich durch einen ununterbrochenen Feuerschein von Reihen schwelender Koksöfen nach Pittsburgh gefahren.

Die eiserne Stadt. Eine Stadt der Hochöfen, der Riesenstahlwerke, der Riesenvermögen von Mellon und Carnegie; die Stadt, wo tönender Reichtum und schreiende Armut nachbarlich beieinander wohnen, wo man aus dem blendend erleuchteten »Kulturzentrum« mit der ragenden Kathedrale der Universität, dem Tempel der Mellon-Bibliothek, dem Flitterglanz des monströsen »Webster Hall«-Hotels unvermutet in das Dunkel einer Negergasse gerät – und von der breiten glatten Autobahn des »Boulevard of the Allies« in die finsteren, schlecht gepflasterten Strassen am Flussufer, wo Fabrikhalle an Fabrikhalle sich reiht, ein Wald von Schloten aufragt und die Hochöfen nach regelmässigen Atempausen gewaltige Feuergarben in den nächtlichen Himmel schleudern.

Draussen, in Aliquippa, bei Jones & Laughlin, arbeiten elftausend Männer in einem Werk. Die gleiche Firma beschäftigt in ihrer Fabrik in Pittsburgh selbst weitere neuntausend. Es ist dies das viertgrösste unabhängige Stahlwerk der USA – nach US Steel, Republic Steel und Bethlehem Steel. Nur persönliche Empfehlungsbriefe, die ich durch die Tochter Laughlins erhalten hatte, öffneten mir die Tore der gewaltigen Werkanlage. Ingenieure begleiteten mich auf meinem Rundgang, bewaffnete Privatpolizei kontrollierte alle nasenlang die Papiere.

Als ich dann am folgenden Tag die Büros des Organisationskomitees der Stahlarbeiter von Lewis betrat, wurde das Gemälde meiner Reise vollständig. Hier sass der Generalstab – geschulte, entschlossene, meist ziemlich junge Männer, die mir in knappen Worten die Ziele der Labor-Bewegung ins Gedächtnis riefen. »Sie waren gestern in Aliquippa«, sagte man mir, »Sie haben begriffen: Zwanzigtausend Männer in einer Stadt hängen von einer einzigen privaten Firma ab. Aber die Firma hängt ebenso von diesen zwanzigtausend Männern ab. Eine Industrie ist heute kein Privatunternehmen, sie ist eine öffentliche Angelegenheit, sie gehört zu den Grundlagen des amerikanischen Staates und der amerikanischen Wohlfahrt. Eine Industrie steht auf den beiden Grundpfeilern ›Kapital‹ und ›Arbeit‹ – und die Arbeit kann nicht mehr nur eine Funktion, der Arbeiter nicht mehr mit seiner Arbeitskraft und Existenz abhängig von der Kapitalmacht sein …«

Ich empfand sofort: ich sass hier im Zentrum einer Macht, hier war der Generalstab jenes Mannes, John L. Lewis, der seit Wochen mit einer Minderheit von Arbeitern die grösste Automobilindustrie-Firma der Staaten lahmlegte, der seit Wochen ganz Amerika in Atem hielt.

Nachts ist Pittsburgh vom gewaltigen Feuerkranz seiner Hochöfen erleuchtet. Die Stadt Pittsburgh arbeitet. Die Krise ist überwunden. Noch herrscht Friede, Prosperität. Die Zukunft bereitet sich vor. In der grossen Frage ihrer Gestaltung aber werden die Männer in den Büros der Stahlarbeiter-Organisation ein gewichtiges Wort mitzureden haben.

Die Reise nach Pittsburgh

Nach Pittsburgh fährt kein vernünftiger Mensch freiwillig und zu seinem Vergnügen. Amerika ist gross, in New York herrscht laues, ungesundes Winterwetter, die jungen Leute warten auf Schnee, um mit Sportzügen in die weitentfernten Berge zu fahren; reiche Menschen reisen mit Schrankkoffern, Golfschlägern und Schwimmanzügen nach Miami, Havanna oder Nassau, in Kalifornien blühen Blumen und Sträucher, das Meer ist sanft und blau an den Küsten der Inseln von Bermuda, in New Orleans singen die Kreolenmädchen zur Laute, in Charleston tanzen die Neger, weil die Baumwollfelder brachliegen. In New York setze ich mich dem Ruf eines Sonderlings aus, weil ich darauf bestehe, die Reise nach Pittsburgh zu machen, in Washington begegne ich einigem Interesse und einigem Misstrauen. Was will ein Fremder in Pittsburgh, was will ein Mädchen in der »Eisernen Stadt«? Das Wasser des Ohio steigt, das Rote Kreuz sammelt für fünfhunderttausend Obdachlose in Cincinnati, Louisville, Paducah, in Detroit und Flint sitzen die streikenden Arbeiter immer noch in den Fabrikhallen von General Motors – der Ohio aber wird in Pittsburgh geboren und getauft, und dort, im »goldenen Dreieck«, wo die beiden Ströme zusammenfliessen, sitzt der Generalstab des grossen Streiks, die Organisatoren des Arbeiterführers John L. Lewis, in den Büros im dreissigsten Stockwerk eines Wolkenkratzers. Der Weg nach Pittsburgh führt über die Ketten der Alleghenies und durch das Kohlenbecken Pennsylvanias. Die Strassen sind überschwemmt, es herrscht Typhusgefahr, ich werde Ketten für mein Fordauto anschaffen müssen, es ist eine schlechte und gefährliche Jahreszeit.

Aber Eingeweihte und Freunde sagen mir: In Pittsburgh gelten keine Jahreszeiten, in den Hallen der Stahlwerke ist im Winter die Hitze der Hochöfen sengend wie im Sommer, und die schwarze Erde des Kohlengürtels bleibt auch im Frühling schwarz.

Und wir treten die Reise an. Wir folgen der alten Strasse der Planwagen, die vor hundert und noch vor fünfzig Jahren über das Gebirge fuhren, um im Westen neues Land zu finden. Wir kommen durch das weit ausgebreitete Schlachtfeld von Gettysburg, einen riesigen Friedhof, wo Grabsteine, Denkmäler, Farmhäuser und Kanonen über Wiesen und Äcker verstreut sind. Abends machen wir halt in der kleinen Stadt McConnellsburg, sitzen am Kaminfeuer in der Halle des alten »Fulton House«. Die Besitzerin erzählt uns Geschichten aus der gar nicht so fernen Zeit, als die Susquehanna-Indianer die Planwagen überfielen und die Siedlungen der Einwanderer mit Palisaden und Gräben umgeben waren. Der Schullehrer berichtet über das reiche Farmland Pennsylvanias, wo die grossen Scheunen Formeln und Zeichen gegen Viehseuchen und Hexenzauber tragen. Der Lehrer ist ein blonder junger Mensch, sein Name ist Pennypacker, aber seine Vorfahren hiessen Pannebecker, sie sind »Pennsylvania Dutch«, Deutsche aus der Rheinpfalz, und kamen vor mehr als zweihundert Jahren in dieses Land, wo es jetzt die bestbestellten Tabakfelder, das schönste Vieh, die grössten Scheunen und die sonderbarste Auswahl von religiösen Sekten gibt.

Ob wir seine Eltern besuchen wollten, fragt der junge Mann, sie hätten eine schöne Farm in Lancaster County, nicht weit von hier. »Fahren Sie nicht nach Pittsburgh, wenn Sie auf mich hören wollen«, sagt er, »das ist ein trostloser Weg: nichts als Kohle, verlassene Gruben und ›Bootleggers‹.«

Wir erfahren am nächsten Tag, was es mit diesen »Bootleggers« auf sich hat. Sie sind keine Alkoholschmuggler – der Whiskey ist zwar teuer, aber man kann ihn überall bekommen –, und die Leute, die nach alter Art heimlich schlechten Gin brennen, um der staatlichen Steuer zu entgehen, halten sich in den Bergen versteckt, treiben ihr Gewerbe nachts, und heissen deshalb »Mondscheiner«. Die »Bootleggers« sind arbeitslose Bergleute und bootleggen Kohle: hier in Pennsylvania, drüben in West Virginia, im Anthrazitgebiet von Shenandoah und an vielen ähnlichen Plätzen, wo die ertragreichen Gruben einst eine ganze Einwanderungswelle von Schotten und Iren, Italienern, Polen und Slowaken nach sich zogen, dann aber während der Krisenjahre von den Grubengesellschaften geschlossen wurden. Was wird aus den Menschen, die in den Gruben gearbeitet haben, in elenden Baracken wohnten, heirateten und Kinder haben und beim besten Willen keine Ersparnisse machen konnten? Kein Gesetz schützt sie, kein Gesetz verbietet einer Gesellschaft, eine Grube zu schliessen, wenn sich die Ausbeutung nicht mehr lohnt – und manche Gruben in jüngster Zeit wurden aufgegeben, weil Organisatoren der Arbeitergewerkschaften in die Grubenstädte kamen, um die unter elenden Lebensbedingungen abgestumpften und hoffnungslosen Männer aufzurütteln, aufzuklären, in einer »Union« zu vereinen. Diese »Kampfansage« wurde mit Gewalt beantwortet, die Gesellschaft liess die Grube »auffliegen«, und heute begegnet man den trostlosen Siedlungen, die man »verlassene Grubenstädte« (»Deserted mining towns«) nennt, und wo die Männer widerrechtlich das Gewerbe von Kohle-»Bootleggers« ausüben. In den meisten Fällen hindert man sie nicht daran – für die Gesellschaften, denen die Kohle gehört, lohnt es sich nicht, und die Polizei drückt ein Auge zu. »Schliesslich kann man die Leute nicht verhungern lassen«, sagte uns ein Polizist, der an einer Tankstelle den Benzinbehälter seines Motorrades auffüllte und den wir über die »Bootleggers« befragten …

Wir hatten einen ersten Hügelzug hinter dem friedlichen Städtchen McConnellsburg durchquert, als der »Kohlengürtel« schon begann, sich bemerkbar zu machen. Die Abhänge der Landstrasse sind schwarz, die Kohle bricht förmlich aus dem Boden hervor und verdrängt die fette, rötliche Erde, verdrängt die Felder, färbt die spärlich bewachsenen Wiesen, häuft sich an den Hügeln, wo primitive Gruben kaum ein paar Meter tief angelegt sind. An der Strasse tauchen von Hand ungeschickt beschriebene Schilder auf: »Versucht es mit unserer Hauskohle. Eine halbe Meile nach links«, und kleine Lastwagen, Bauernwagen, mit zwei Pferden bespannt, oder Handwägelchen rollen vorbei, alle beladen mit den schwarzen, glänzenden Kohleblöcken. Ein Mann, der ein Stück Land besitzt, stellt drei oder vier Leute an, kauft Sprengstoff und gräbt Kohle, ohne besondere Vorsichtsmassnahmen. Der Mann, der kein Land besitzt, gräbt Kohle, wo er sie findet, füllt seinen Sack und bringt ihn auf den Markt der nächsten Ortschaft. Das spielt sich im Gebirge ab, und im Kleinen.

Das Bild ändert sich, als wir in die Ebene hinabfahren: da ist es nicht mehr der Mensch, der der Kohle nachgeht, da beherrscht die Kohle den Menschen und das Land. Schlackenhügel beherrschen den flachen Horizont, der Wind ist beladen mit dem Geruch von Kohle und Schwefel, und der Himmel trägt einen Schleier von Kohlenstaub. Eben noch waren die Häuser verstreut und versteckt, die Siedlungen klein – jetzt beginnt das sich gleichmässig wiederholende Bild von Grubenorten, die nichts gemein haben mit den gewohnten Formen menschlicher Wohnstätten, mit Dörfern, Höfen oder kleinen Städten. Sie sind, so scheint es, nicht um der Menschen willen da, sondern um der Kohle willen. Man erblickt zuerst den schwarzen Schlackenberg, daneben die Kohlenhütte und den ragenden Kran. Dahinter, mitten durch das schwärzliche Feld, wo kein Gras wächst und kein Baum gedeiht, zieht sich eine Strasse, zwischen zwei Reihen von würfelförmigen, aus geschwärzten Brettern errichteten Häusern mit halbblinden Fenstern, einem schmutzigen Hinterhof, einer Wäscheleine. Es sind »Company houses«, Häuser, Baracken, welche die Gesellschaft errichtete, als die Grube eröffnet wurde und menschliche Arbeitskräfte nötig waren. Die Häuser gehören der Gesellschaft, die sie an die Arbeiter vermietet. Der einzige Laden der Siedlung, ein Drugstore, wo man alles kaufen und auch Kaffee und Bier trinken sowie Sandwiches essen kann, gehört ebenfalls der Gesellschaft. Und der »Boss«, der Aufseher und eigentliche Herr der Siedlung, ist natürlich ein Angestellter der Gesellschaft. Wir fahren durch mehrere solche Siedlungen – in der Dunkelheit scheint darin alles Leben dumpf, trostlos, erstorben –, und die armseligen Friedhöfe, stille Nachbarn, sind dafür ein bedrückendes Symbol.

Die kleine Stadt, die wir spätabends erreichen, heisst – ironisch genug – Mount Pleasant. Die Inschrift auf dem Schild an der Hauptstrasse setzt erklärend hinzu: »Dieser Name bedeutet: ein angenehmer Ort.« Die Einwohner dieses angenehmen Orts arbeiten teils in einer Glasfabrik, zum grösseren Teil in den Kohlenfeldern von Frick, einem der grössten Kohlenmagnaten Amerikas. Wir finden hier kein altmodisch-idyllisches »Fulton House«, kein Kaminfeuer und niemanden, der uns Indianergeschichten erzählt. Das Hotel ist dürftig, das »laufende Wasser« läuft spärlich, das einzige Kino spielt einen alten Hollywood-Film und ist überfüllt. In der Bar schimpfen zwei Schotten über die »Hunkies«, die Ungarn und Slowaken, die als billige Konkurrenz auf dem Arbeitsmarkt erschienen sind …

Mount Pleasant liegt mitten in dem reichen Kohlengebiet Westmoreland – einer Gegend, die besonders heftig von der Krise heimgesucht wurde. Der grössere Teil der dortigen Gruben gehört der Frick Coal Company, dem Lieferanten von US Steel, dem grössten Stahlkonzern der Vereinigten Staaten. Als 1932 ein Teil der Gruben geschlossen werden musste, beliess man die Arbeiter zunächst in ihren Wohnungen und gewährte ihnen Kredit in den »Company stores« – dies, solange die Hoffnung bestand, die Gruben in absehbarer Zeit wieder zu eröffnen. Seither ist die Krise, besonders in der Stahl- und damit auch in der Kohlenindustrie, überwunden – aber die Frick Company ist nach Südwesten abgewandert, wo neue, leichter und billiger auszubeutende Gruben eröffnet wurden. Ein kleiner Teil der Arbeiter wurde von der Company nach den neuen Arbeitsstätten verpflanzt, ein grösserer Teil blieb zurück.

Das furchtbare Los dieser »verlassenen Bergleute« hat in den letzten Jahren die Behörden in Washington beschäftigt. Und nur wenige Meilen von Mount Pleasant entfernt, in einer fruchtbaren, von Hügeln durchzogenen Mulde, befindet sich eines der grössten und offenbar glücklichsten Projekte der von Roosevelt ins Leben gerufenen »Behörde für Umsiedlung«: die Westmoreland-Heimstätten. Am frühen Morgen überblicken wir die Siedlung von einer nahen Anhöhe. Bis zu den erstorbenen Schlackenbergen am grauen Horizont war das Land übersät von weissen Häuschen, durch Gartenland und Wiesen voneinander getrennt, aber alle von der asphaltierten Hauptstrasse aus auf Pfaden leicht erreichbar. Die saubere und einfache Architektur, das leuchtende Weiss im frischen Grün, die rauchenden Kamine, die grossen Scheunen der »landwirtschaftlichen Kooperative«, die flachen Gebäude der Hühnerfarmen – dies alles bot einen ländlich-friedlichen, fast heiteren Anblick und einen traumhaften Konstrast zu den elenden und trostlosen Company-Siedlungen, die uns am Vorabend so bitter bedrückt hatten. Und doch war dies äusserst praktische Wirklichkeit ...

Wir fanden den Manager im Verwaltungsgebäude der Siedlung, einem alten Farmhaus, dessen Stuben in Büros und Lehrzimmer verwandelt worden sind. Er ist erst seit ein paar Monaten in Westmoreland – sein Vorgänger war ein Quäker, ein idealistischer junger Mann, der den Siedlern Vorlesungen über griechische Philosophie gehalten und dafür wenig Verständnis gefunden hatte. Der neue Manager ist ein energischer, etwa vierzigjähriger Mann, dem Tatkraft, Intelligenz und lebhafte Warmherzigkeit aus den Augen leuchten. Für rund fünfzehnhundert Menschen ist er verantwortlich, und er hat es mit ihnen nicht leicht. Sie sind Amerikaner, Slowaken, Schotten – viele von ihnen können nicht lesen, viele verstehen kaum Englisch, alle sind arbeitslose Bergleute und haben Jahre bitterster Not hinter sich. Man bietet ihnen ein Haus, ein Stück Gartenland und beschäftigt sie als Notstandsarbeiter teils auf der kooperativen Farm, teils bei den Neubauten. Einige von ihnen fahren Traktoren, andere züchten Hühner, andere werden tüchtige Landarbeiter. Sie müssen sich umstellen – nicht nur auf eine neue Art von Arbeit, sondern vor allem auf ein gänzlich neues Leben. »Man muss sie lehren, für sich selbst zu denken«, wiederholt der Manager immer wieder und erklärt uns seinen Lieblingsgedanken: aus Westmoreland nicht eine *Wohlfahrtssiedlung,* sondern eine neue und lebendige *Gemeinde* zu machen. Und während wir Hühnerfarm und Kleinkinderschule, den Theatersaal, den neuen, im Bau befindlichen Kuhstall und das zukünftige Clubhaus besuchen, sehen wir das Experiment des »Kollektivs« so deutlich wie in einem Laboratorium: Der Siedler von Westmoreland kommt aus jenen Grubenorten, welche die niedrigste Form menschlichen Zusammenlebens darstellen – wo der Aufseher für alle denkt, allen befiehlt und wo der einzelne Arbeiter nur nach seiner Arbeitskraft bemessen wurde. Unselbständig, ausgeliefert dem Unglück der »Krise«, die über ihn hereinbrach, unfähig, sich zu wehren, kommt er eines Tages als Siedler in die Westmoreland-Heimstätten, wo das höchste Mass von kollektivem Verantwortungsbewusstsein, von loyaler Zusammenarbeit und persönlichem Handeln von ihm verlangt wird. Viele können sich nicht anpassen und verlassen die Siedlung nach einigen Monaten Probezeit. Andere ergreifen die Gelegenheit, die ihnen geboten wird, kommen bald mit eigenen Vorschlägen, übernehmen ein Amt oder eine selbständige Arbeit.

»Aber wie werden Sie die Leute beschäftigen«, frage ich, »wenn die Bauten beendigt sind?« Die Farm beansprucht nicht mehr als achtzig Männer, die Hühnerzucht etwa ebenso viele. Man wird jemanden für ein Fabrikprojekt interessieren müssen. Westmoreland wäre geeignet für eine Schokoladenfabrik, wo die Milch von der Farm verwendet würde … Das ist ein anderes Ziel der Regierungsprojekte: Die Menschen sollen nicht mehr blindlings den Industrien, Kohlenfeldern, Ölquellen folgen und diesen Mächten schliesslich ausgeliefert sein, sondern ein vernünftiger Produktionsplan soll den Bedürfnissen der Menschen dienen.

Vierundzwanzig Stunden später erreichen wir die Stadt Pittsburgh, die Festung von Stahl und Eisen, die Hochburg der Millionenvermögen von Mellon und Carnegie, die Stätte der Fabrikhallen, Hochöfen und Schmelzen, von denen das Schicksal von Tausenden und Abertausenden von Arbeitern abhängt und wo sich der grösste Kampf des heutigen Amerika, der Kampf zwischen »Kapital« und »Arbeit«, dramatisch zuspitzt und entscheiden wird.

Ich hatte mich auf die Enttäuschung vorbereitet, eine der üblichen, grossen, öden amerikanischen Städte zu finden, deren Gesicht sich dem Fremden verschliesst und jede Interpretation schwierig macht. Ich hatte erwartet, die Geschichte von Pittsburgh in Büchern lesen zu müssen und sehr wenig über seine Gegenwart in Büros erfahren zu können. Aber der Anblick dieser Stadt ist von der monumentalen Deutlichkeit eines archaischen Felsenreliefs, von gewaltiger Hand für alle Zeiten gezeichnet.

Wir fuhren im rieselnden Regen des frühen Januarabends die Fifth Avenue hinunter und begegneten zuerst, auf der Kuppe des Stadthügels, dem Sitz des Reichtums: Carnegie-Museum und Mellon-Bibliothek, in der Form eines griechischen Tempels aus Stein und Marmor errichtet. In der billig geschmückten Öde des Hotels »Webster Hall« mischten sich die gellenden Klänge von mehreren Tanzkapellen, bedienten Neger in der überfüllten Bar, trafen sich Handelsreisende, die Söhne der Reichen, Studenten und Frauen in protzigen Abendkleidern, mit künstlichen Blumen und künstlichem Schmuck überladen. Dicht benachbart dieser lauten und drastisch-rohen Stätte erhebt sich die »Kathedrale des Lernens«, ein Wolkenkratzer-Dom aus dunklem Stein, der sich mit gotisch-strebenden Pfeilern im Nachthimmel verliert. Die Avenue senkt sich zur Stadt hinab, und schon befindet man sich im bunten Wirbel von Geschäftsstrassen und in der Enge von Arbeitergassen ohne Pflaster und Beleuchtung. Hoch über dem Fluss zieht sich ein Boulevard hin, den wir langsam entlangfahren: Der Fluss ist dunkel und still, aus dem Nebel erhebt sich schattenhaft ein Wald von Fabrikschloten, sie säumen das jenseitige Ufer und werden erleuchtet von den roten Flammen, die in regelmässigen Zeiträumen aus den Türmen der Hochöfen emporschlagen.

Ein kostbarer Empfehlungsbrief tat am folgenden Tag seinen Dienst: Eine Packard-Limousine brachte uns dreissig Meilen durch die Vorstädte Pittsburghs nach Aliquippa hinaus, wo Jones & Laughlin, die viertgrösste Stahlgesellschaft der USA, elftausend Arbeiter in einem einzigen Stahlwerk beschäftigt. Es bedurfte einer Reihe von Formalitäten, bis wir das über vier Meilen ausgedehnte Fabrikareal betreten durften. Die Herren in ihren Büros flüsterten und telephonierten, zwei junge Ingenieure wurden als Führer bestellt, Privatpolizisten der Gesellschaft, mit Revolvern und Gummiknüppeln ausgerüstet, verlangten Ausweise, man teilte uns mit, dass wir nicht photographieren dürften und dass wir seit zwei Jahren die ersten Besucher weiblichen Geschlechts seien. Dann wurden wir eingeweiht in das Geheimnis des schmelzenden Elements. Der Anblick war atemraubend: trotz aller perfekten technischen Erfindung und Routine schien es uns noch so elementar zuzugehen wie in Wielands Schmiede. Koks, Limestone und Roheisen kochen in offenen Öfen, gepresste Luft reinigt die Mischung in Atemstössen, welche gewaltige Funkengarben durch die Halle streuen. Dann neigt sich der Ofen, und der flüssige Stahl schiesst in einem wasserhellen Strahl in einen riesigen Kessel. Wir beobachteten von einer Brüstung aus, wie die Männer neben uns, in Asbestmänteln, die Augen mit blauen Gläsern geschützt, nach vorn stürzten und Manganerz in die unheimlich kochende Mischung schaufelten. Ein Kran bewegte sich heran, hob den Kessel zu den wartenden Formen und füllte sie mit dem brodelnden Metall, das, in Blöcke gepresst, noch glühend in Bäder getaucht und dann in Schienen geschleudert wurde: Durch endlose Hallen schoss der rote Block, wurde von Backen erfasst, schmaler gepresst, schoss weiter, eine glühende Schlange, bis die Männer am Ende der Schiene sie auffingen und in Stahlbänder von handlicher Länge zerschnitten.

Vier Stunden dauerte der Gang durch das Werk, glühende Hitze wechselte mit eisigem Januarwind in offenen Hallen, das weissblendende Feuer der Schmelzöfen mit dem violetten Licht in der Zinnabteilung, das ohrenbetäubende Zischen der Flammen mit dem nervenzerrüttend gleichmässigen Geräusch der Spezialmaschinen in den Maschinensälen, der Geruch von Kohle und Schwefel mit dem von chemischen Bädern, wo Draht gereinigt und amalgamiert wurde.

Mit uns verliessen in der Abenddämmerung Scharen von Arbeitern das Werk, neue fluteten herein, um die Nachtschicht zu übernehmen. Die bewaffneten Polizisten kontrollierten ihre Ausweise …

Wir versuchten, während der Rückfahrt, die Meinung unseres Begleiters über die von Lewis unternommene Kampagne zur Organisierung der Stahlarbeiter in einer einzigen sogenannten »Industriellen Gewerkschaft« zu erfahren. Er antwortete ungern und ausweichend. »Unsere Leute«, behauptete er, »wollen keine Einmischung von aussen. Wir haben mit Lewis nichts zu schaffen.« Es klang unwahrscheinlich. Aber unser Begleiter, als Vertreter eines der grössten Stahlwerke der USA, zog es vor, schweigend über die wichtigste Auseinandersetzung zwischen Arbeitgebern und Arbeitnehmern hinwegzugehen, einer Auseinandersetzung, die seit dem von Lewis geleiteten General Motors-Streik in prinzipielle Bahnen geleitet ist und eine der grössten Fragen der amerikanischen Zukunft beantworten wird …

Am nächsten Vormittag trafen wir in den Büros des »Komitees zur Organisation der Stahlarbeiter« einen jungen Mann, der, früher Collegestudent, endlich als einfacher

Arbeiter im Stahlwerk von Aliquippa untergekommen ist. Von ihm erfuhren wir, dass von den elftausend Leuten von Jones & Laughlin bereits viertausend von der Organisation von John L. Lewis erfasst sind – und dass die Gesellschaft im Zeitraum von sechs Monaten nicht weniger als achtzig Leute wegen organisatorischer Tätigkeit, wenn auch unter anderen Vorwänden, entlassen hat.

Die intelligenten, fachlich geschulten und zielbewussten Mitglieder des »Komitees« machten einen ausgezeichneten – und optimistischen – Eindruck. Sie schienen ihrer Sache sicher. Die Organisierung der Stahlarbeiter, sagten sie, würde ebenso gelingen, wie einige Jahre zuvor die in einer glänzenden Kampagne durchgeführte Organisierung der »Vereinigten Bergarbeiter Amerikas« gelungen war, die heute die grösste und bestgeführte Gewerkschaft der amerikanischen Grossindustrie ist. Die Richtigkeit und Notwendigkeit der von Lewis verfochtenen Prinzipien sei unleugbar: Amerika habe bisher weder soziales Verantwortungsbewusstsein noch eine andere Gesetzgebung als die der Besitzrechte gekannt, eine Tatsache, die sich heute katastrophal, im Sinne nackten Gewaltkampfes, auswirken müsse, weil den »Human Rights«, den menschlichen Ansprüchen der etwa vierzig Millionen zählenden Arbeiterschaft, kein legaler Anspruch, nicht einmal eine legale Basis der Auseinandersetzung gegeben sei. »Der Plan einer alle Arbeiter einer Industrie umfassenden Organisation, die als einzige Instanz ihrer Interessenvertretung gelten und das Recht haben soll, mit den Arbeitgebern kollektiv zu verhandeln, ist keineswegs revolutionär und ist auch vom Standpunkt der Unternehmer und des Kapitals aus nur vernünftig«, schloss der Mann, der uns in einem mehrstündigen Gespräch ein lebendiges Bild von den Kämpfen der letzten Jahre gegeben hatte. Es ist eine dramatische Geschichte, die Geschichte brutalen Machtkampfs und heroischer Verteidigung, die sich erst gestern auf dem rohen Boden des gesetzlosen jungen Amerika abgespielt hat und sich erst morgen entscheiden wird.

Wir wurden mit Briefen ausgestattet, packten unsere Handtaschen, füllten unseren Benzintank und verliessen Pittsburgh am gleichen Abend. Während der folgenden Tage sahen wir »die andere Seite« der Geschichte: die kleine Stadt Uniontown, umgeben von einem Kranz Tag und Nacht brennender Koksöfen – eine Stadt, wo noch 1932 jeder Arbeiter entlassen und ausgewiesen wurde, wenn er im Verdacht stand, einer »Union« oder Gewerkschaft anzugehören, und wo heute viel gearbeitet, viel verdient wird, weil die Besitzer der Kohlengruben damit zufrieden sind, mit ihren Angestellten durch eine fähige und loyale Union zu verhandeln – die Union von John L. Lewis.

»Isabella Mine«, eine einsam gelegene Grube, wo die Arbeiter ihr erstes Versammlungslokal einweihten, ohne, wie früher, von bewaffneter Polizei bedroht zu werden. Scotts Run, Ort des Elends, ein »Kriegskind«, dessen schlechte Gruben kürzlich geschlossen wurden. Die Männer, Neger, Krüppel, Greise und viele junge Leute mit brutalen, enttäuschten Gesichtern, sassen und standen an die Wand des geschlossenen und verbarrikadierten »Company store« gelehnt, gaben ungern Antwort auf unsere Fragen und sagten, dass mein Apparat »leicht zerbrechen könnte, wenn ich versuchen würde, sie zu photographieren«. Nach geraumer

Zeit wurde unsere Beziehung freundlicher, aber alles, was ich zu hören bekam, war: dass es sich nicht lohne, sich gegen das Elend zu wehren, denn wer einmal arm sei, bleibe arm …, auch im Land der unbegrenzten Möglichkeiten.

Der Schatten von Pittsburgh lag auf diesem Land. Und wo der starke, mutige und hoffnungsvolle Geist der Männer von Lewis noch nicht hingelangt war, blieb es der Schatten eines langen Abends menschlicher Trostlosigkeit und Erniedrigung.

Ausgewählte Fotografien 1936–1938

(1) Ort unbekannt, 1936–1938

(2) Kohleförderung, Mount Pleasant, Westmoreland, Pennsylvania, Januar 1937

(3) Kohleförderung, Mount Pleasant, Westmoreland, Pennsylvania, Januar 1937

(4) Mount Pleasant, Westmoreland, Pennsylvania, Januar 1937

(5) Barbara Wright, Mount Pleasant, Westmoreland, Pennsylvania, Januar 1937

(6) Kohleförderung, Mount Pleasant, Westmoreland, Pennsylvania, Januar 1937

(7) Vermutlich bei Mount Pleasant, Westmoreland, Pennsylvania, Januar 1937

(8) Gettysburg National Military Park, Gettysburg, Pennsylvania, Januar 1937

(9) Arbeitslose Kohlenbergleute, Scotts Run, West Virginia, Januar 1937

(10) Scotts Run, West Virginia, Januar 1937

(11) Scotts Run, West Virginia, Januar 1937

(12) Scotts Run, West Virginia, Januar 1937

(13) Bei Charleston, West Virginia, Februar 1938

(14) Scotts Run, West Virginia, Januar 1937

(15) Universität, Charlottesville, Virginia, November 1937

(16) Knoxville, Tennessee, November 1937

(17) Market Street, Knoxville, Tennessee, November 1937

(18) Market Street, Knoxville, Tennessee, November 1937

(19) Market Street, Knoxville, Tennessee, November 1937

(20) Market Street, Knoxville, Tennessee, November 1937

(21) Market Street, Knoxville, Tennessee, November 1937

(22) Market Street, Knoxville, Tennessee, November 1937

(23) Market Street, Knoxville, Tennessee, November 1937

(24) West Front Street, Knoxville, Tennessee, November 1937

(25) West Front Street, Knoxville, Tennessee, November 1937

(26) West Front Street, Knoxville, Tennessee, November 1937

(27) Knoxville, Tennessee, November 1937

(28) Knoxville, Tennessee, November 1937

(29) Autofriedhof, Athens, Tennessee, November 1937

(30) Autofriedhof, Athens, Tennessee, November 1937

(31) Autofriedhof, Athens, Tennessee, November 1937

(32) Bauernhof in der Schweizer Kolonie Gruetli, Grundy County, Tennessee, November 1937

(33) Gruetli, Grundy County, Tennessee, November 1937

(34) Lincoln County, Tennessee, November 1937

(35) Lincoln County (Detail), Tennessee, November 1937

(36) Lincoln County, Tennessee, November 1937

(37) Farmer, Lincoln County, Tennessee, November 1937

(38) Cumberland Mountains, Tennessee, November 1937

(39) Wohnungsprojekt »Smithfield Court«, Birmingham, Alabama, November 1937

(40) Wohnungsprojekt »Smithfield Court«, Birmingham, Alabama, November 1937

(41) Arbeiterhäuser, Siluria bei Birmingham, Alabama, November 1937

(42) Wohnungsprojekt »Smithfield Court«, Birmingham, Alabama, November 1937

(43) Markt, Montgomery, Alabama, November 1937

(44) Baumwollballen, Montgomery, Alabama, November 1937

(45) Baumwollballen, Montgomery, Alabama, November 1937

(46) Montgomery, Alabama, November 1937

(47) Tuskegee, Alabama, November 1937

(48) Zwischen Montgomery, Alabama, und Columbus, Georgia, November 1937

(49) In den Baumwollfeldern von Georgia, November 1937

(50) Familie eines »Sharecropper« in den Baumwollfeldern von Georgia, November 1937

(51) Kind eines »Sharecropper« in den Baumwollfeldern von Georgia, November 1937

(52) Bei Columbus, Georgia, November 1937

(53) Bei Columbus, Georgia, November 1937

(54) Gefängnis, Harris County, Georgia, November 1937

(55) Gefängnis, Harris County, Georgia, November 1937

(56) Gefängnis, Harris County, Georgia, November 1937

(57) Gefängnis, Harris County, Georgia, November 1937

(58) Savannah, Georgia, November 1937

(59) Savannah, Georgia, November 1937

(60) Vermutlich in Savannah, Georgia, November 1937

(61) Hafenschenke am Savannah River, Savannah, Georgia, November 1937

(62) Hafenarbeiter am Savannah River, Savannah, Georgia, November 1937

(63) Beim Hafen, Charleston, South Carolina, November 1937

(64) Hafen, Charleston, South Carolina, November 1937

(65) Hafen, Charleston, South Carolina, November 1937

(66) Textilspulen, Lumberton, North Carolina, November 1937

(67) Die Textilarbeiterin Mrs. Jacobs, East Lumberton, North Carolina, November 1937

(68) Mrs. Jacobs' Kinder, East Lumberton, North Carolina, November 1937

(69) Mrs. Jacobs' älteste Tochter, East Lumberton, North Carolina, November 1937

(70) Ort unbekannt, um 1937

(71) Ort unbekannt, um 1937

(72) Cincinnati, Ohio, Februar 1938

(73) Cincinnati, Ohio, Februar 1938

(74) Vor dem Cincinnati Employment Center, Cincinnati, Ohio, Februar 1938

(75) Vor dem Cincinnati Employment Center, Cincinnati, Ohio, Februar 1938

(76) Flusshafen, Cincinnati, Ohio, Februar 1938

(77) Flusshafen, Cincinnati, Ohio, Februar 1938

(78) Flusshafen, Cincinnati, Ohio, Februar 1938

(79) Flusshafen, Cincinnati, Ohio, Februar 1938

(80) Cincinnati, Ohio, Februar 1938

(81) Flusshafen, Cincinnati, Ohio, Februar 1938

(82) Ort unbekannt, 1936–1938

Reportagefahrt II
1937/1938

Knoxville, Chattanooga, Monteagle Notizen

4. November [1937]
Vormittags: Photos in Knoxville. Schaufenster und Kino – »American girls« reihenweise für 98 Cents – Brautpaare in Herzen eingeschlossen – Trapper in spitzem Hut und Arbeitslose, Weisse und Neger, an der besonnten Mauer der Markthalle, wo Samstag abends eine »American Legion« zum Tanz einlädt – daneben die Wagen der Farmer –

Dann: *West Front Street* – die Indianermutter: »Wieviel verlangen Sie, um das Bild von meinem Baby aufzunehmen?« – Das Baby, blond, schmutzig, mit blassem Leichengesichtlein, ist krank (»I don't know – he's just sick«) – Unter dem mächtigen Brückenbogen, im Schatten, die Buben – haben die Schule geschwänzt – Elendshäuser und das »älteste Hotel« – die Fluss-Taverne. Endlich der schimmernde Leichenwagen …

Nachmittags: Chattanooga. Monteagle – *Highlander Folk School. Myles Horton* ist am Telefon. »Kommt nur herauf, kommt und geht, wie es Euch passt.« Von Monteagle links ab über die Eisenbahn – 1,5 Meilen bis zur Abzweigung – Feldweg. In einem einsamen Haus (man kann durch die Drahtgitter-Tür in den Wohnraum schauen) sitzt die Familie betend, eine Alte liest vor. Ihr Mann, erfuhr ich später, ist der einzige Feind der Umgebung, der »Labor school« – Er lässt sich einen gelben Sarg machen, »waterproof«, benützt ihn vorläufig als Badewanne. Wenn in der »School« getanzt wird (jeden Samstagabend »Square Dances«) –

schleicht er ums Haus und schaut sich das »gottlose Getriebe« an. [...]

Highlander Folk School, Sonntag [eigtl. Samstag], 6. November [1937]
Textilarbeiterin, Organisatorin für CIO [»Committee for Industrial Organization«]:

»Die Leute reden nicht so leicht. Sie sind zuviel herumgestossen worden, sind misstrauisch. Sie verhalten sich fast wie Farbige. Aber wenn sie einmal glauben, dass Sie ok sind, dann sagen sie alles. Sie haben ihre Ansicht über ›Zeitungsleute‹ geändert, sogar wenn es ›Liberale‹ sind: Die grosse Publizität, die unsere Sache durch die Bilder und Artikel über den Stahlindustrie-Streik bekam, hat geholfen. Es gab Vertrauen. Man schenkt uns Aufmerksamkeit. Unsere Leute lesen noch nicht über China oder Hitler – das wäre ein zu grosser Schritt. Aber sie sehen ein Bild von einer Gewerkschafts-Versammlung – oder von [John L.] Lewis – oder einem Sitz-Streik – und merken es sich.

Es gibt so viel gegen uns auszuspielen. Die Kirche zum Beispiel. Schauen Sie sich diesen Artikel an: ›John L. Lewis' Gehalt auf 25 000 Dollars erhöht. Seine Mitarbeiter sind Kommunisten. [David] Dubinsky in Russland geboren. Sie senden unser Geld nach Spanien, wo Kirchen zerstört werden, oder nach Russland.‹ – Unsere Leute sind fromme Patrioten. ›Die CIO-Unions sind Kommunisten, sie wollen unsere Regierung stürzen‹ – ›warum wollt Ihr nicht lieber ‚Company unions', statt Euer Geld nach New York zu schikken?‹ – So verführt man die Leute. Sie wissen nicht, was gut für sie ist – man muss sie aufklären. Solange sie nicht

Bescheid wissen, was Kommunismus ist, muss man mit etwas anderem kämpfen. Das Vorurteil gegen Ausländer ist gross, gegen Leute aus dem Norden auch. Darum ist so viel Ressentiment gegen den Duke of Windsor.

Blutvergiessen, Kampf, ›trouble‹ – damit verängstigt man die Leute. Aber ich bin ziemlich optimistisch. Seitdem das CIO {zu uns} heruntergekommen ist. Das hohe Salär von Lewis ist kein Grund, um uns abzuschrecken. Er ist es, der uns Streikfonds schickt, damit unsere Frauen und Kinder nicht hungern, wenn wir einen Streik durchhalten.«

Auf der Schattenseite von Knoxville

Die Vision eines besseren Lebens, der langgehegte amerikanische Traum, wird schattenhaft, je weiter die Strassen nach Süden führen. Das Land ist ausgedörrt von der Hitze des Sommers und rostet im träufelnden Regen siebzigjähriger Armut. Im breiten Tal des Tennessee River leuchtet rotes Herbstlaub von den Hügeln, und rote Erde bricht aus den tiefen Spalten, die Wind und Wasser in die Hänge gefressen haben. Die Wälder sind verschwunden, die einst das Land schützend bedeckten, schwarze Baumstümpfe und weisse Steine sind über die dürftigen und rohen Äcker zerstreut, die ein bisschen Mais, Kartoffeln und Zuckerrohr getragen haben – zuwenig, um den Farmer und seine Familie zu ernähren. Der Strom wälzt sich langsam der Ebene des Ohio zu, seinen Ufern entlang folgen die Spuren der Zerstörung aus Regen- und Flutzeit: zusammengedrückte Wände von Bauernhäusern, leere Fensterrahmen, eingesunkene Pfeiler, zerrissene Zäune und in Ödnis verwandelte Weiden. Hoch über den Fluss spannen sich die Brücken, die nach Knoxville hineinführen. Eine Stadt wie viele andere, zweihundert Jahre alt, mit einer Markthalle aus rotem Backstein, wo die Farmer Äpfel und Tomaten, Mais und Pfeffer verkaufen – mit Geschäften und Kinos, einer grell erleuchteten Main Street und dunklen Quartieren, wo die Arbeiter der Trikotagefabriken in dürftigster Weise leben müssen.

Knoxville ist mit seinen hunderttausend Einwohnern eines der städtischen Zentren in einer von der Natur wenig begünstigten Region, deren Bewohner, als Pelzjäger und Pioniere gekommen, sich als Holzfäller und Farmer niederliessen und es nicht vermochten, den Boden gegen die Gewalt des Flusses zu sichern und ihm eine mehr als notdürftige Existenz abzuringen. Und das Tal des Tennessee River – insgesamt eine Bevölkerung von zweieinhalb Millionen umfassend – wurde zu einem der ärmsten und rückständigsten Gebiete Amerikas.

1932 jedoch war das Geburtsjahr der »Tennessee Valley Authority«, deren drei Anfangsbuchstaben TVA zu einem Symbol des Fortschritts der Nation und der Hoffnungen der Ära Roosevelt geworden sind. Abgeholzte Wälder, Überschwemmungen hatten den Fluss Tennessee zum Gegner der Menschen gemacht, die an seinen Ufern wohnten, und jährlich lieferte er seinen Beitrag zu den gewaltigen Flutkatastrophen, die die Ebenen des Ohio und Mississippi heimsuchten. Die TVA wurde von Roosevelt ins Leben gerufen, um Dämme zu bauen und den Lauf des Tennessee bis zu seiner Mündung in den Ohio zu regulieren. Daraus wurde ein umfassendes Programm, das seit fünf Jahren den systematischen Aufbau jenes rückständigen und armen Landes durchführt und es zum grossen »Laboratoriumsfall« der Vereinigten Staaten gemacht hat. Neben den gigantischen Dämmen entstehen Mustersiedlungen für die beim Dammbau beschäftigten Arbeiter. An den Ufern der Stauseen gibt es öffentliche Parks, Ferienlager, Autostrassen. An den Hängen werden Bäume gepflanzt, um die lockere Erde gegen Erosion zu sichern. Felder werden terrassiert, der erschöpfte Boden mit Kunstdünger erneuert und fruchtbar gemacht. Gewaltige Kraftwerke versorgen Städte, Dörfer und entlegene Farmen mit Elektrizität, neue Fabriken werden errichtet und mit dem Überfluss an Strom betrieben. Und die Fäden dieser allseitigen Aktivität laufen in der Stadt Knoxville zusammen, wo in den Büros des TVA-Hauptquartiers ein Stab von Ingenieuren und Experten unermüdlich bei der Arbeit ist. Gegenüber der alten Markthalle, wo die Maultiere und Gemüsekarren der Farmer stehen und wo samstags die »Amerikanische Legion« ihre patriotischen Reden und Tanzvergnügungen abhält – gegenüber einem bunterleuchteten Kino, wo Liebesdramen und Wildwestfilme aus der guten alten Zeit abgespielt werden, gegenüber den billigen Auslagen von Damenmoden und Drugstores zieht sich eine Reihe von grossen, nüchtern umrahmten Schaufenstern hin. Schematische Landkarten zeigen das Flussgebiet des Tennessee und die Aktionszentren der TVA; eine Serie von Photos in Plakatformat illustriert das Drama des Flusses, die Geschichte der nutzbar gemachten Wasserkraft, die Möglichkeiten der Technik im Dienste der Allgemeinheit: ein Farmer auf seinem gegen Erosion und Überschwemmung gesicherten Acker, ein junger Wald, elektrische Maschinen im Gebrauch, Schifffahrtswege, Fabrikschlote, die Wirkung von Phosphaten auf bisher erschöpften und unfruchtbaren Feldern. Nachts sind die Schaufenster von innen erleuchtet und konkurrieren mit den Lichtreklamen der Main Street.

Eine neue Autostrasse führt von Knoxville dreissig Meilen weit hinauf zum Norris-Damm, dessen wunderbare Konstruktion als Symbol des Fortschritts über dem schlafenden Tal steht. Aber während hier Tag und Nacht zwei riesige Generatoren Elektrizität erzeugen und gleichsam das ganze Leben dieses Landstrichs erneuern, während die

Schaufenster der TVA jedem Beschauer verständlich machen, was planvoller und intelligenter Wille im Kampf gegen Armut und Rückständigkeit zu erreichen vermögen – während so eine neue Vision des besseren Lebens geboren wird, braucht man in Knoxville nicht weit zu gehen, um die Schattenseite zu finden. Es wirkt wie bittere Ironie, dass hier, dreissig Meilen vom Norris-Damm entfernt, ganze Quartiere weder mit elektrischem Licht noch mit laufendem Wasser versorgt sind. Ein Kranz von solchen dunklen Quartieren schliesst sich um Knoxville wie um jede andere Industriestadt im Süden.

Aber Knoxville, das Zentrum der TVA, hat noch eine andere und besondere Schattenseite. Die Stadt liegt erhöht über dem Fluss, und so jäh fällt das Ufer ab, dass man meint, hier sei die Stadt zu Ende. An der scharfen Kante des Ufers enden Laternen, Lichtsignale, Reklamen, erleuchtete Fenster. Wie ein Festungsturm ragt neben der Brücke das »Andrew Jackson« [eigtl. »Johnson«] empor, Knoxvilles feinstes und teuerstes Hotel, mit Badewannen und elektrischen Eisschränken in allen Zimmern. Eine Reihe von spiegelnden Limousinen ist vor dem Hoteleingang parkiert, eine Tankstelle gegenüber bleibt die ganze Nacht geöffnet. Die doppelte Fahrbahn der Brücke ist weiss erleuchtet. Die Augen müssen sich zuerst an die Dunkelheit gewöhnen, wenn man sich über das Brückengeländer beugt und zum Fluss hinunterblickt. Am steilen Abhang stehen Häuser, lichtlos und leblos wie Kulissen, kein Feuer in den Kaminen, die Türen verschlossen. Hier wohnt niemand, möchte man denken – hier *kann* niemand wohnen. Aber man hat inzwischen entdeckt, dass die Strassen der hellen Stadt Knoxville nicht an der Brücke und an der steilen Kante des Ufers enden, dass sie sich nur verwandeln, grau und ungepflastert und dunkel und uneben werden, und so, gewissermassen schamhaft verhüllt, steil hinunterführen in die feuchte Finsternis des Flusses.

Die in riesigen Lettern leuchtende Reklame des Hotels »Andrew Jackson« wirft ihren Schein in eine dieser Strassen, und ich kann das Schild lesen: West Front Street. Darüber, kaum erkennbar auf den Brettern der alten Hauswand: [Chisholm] Tavern. Man informierte mich später, dass dieses Gebäude das älteste »Hotel« des alten Knoxville ist, das hier unten, am Fluss, an der »West Front«, seinen Anfang nahm. Heute ist es das Quartier seiner ärmsten Bewohner. Blasse Kinder spielen unter den Pfeilern der Brücke, klettern im Stahlgerüst, gedeihen im Schatten. Negerburschen, dünn und schlotternd in ihren zu leichten Kleidern, lehnen an den Barackenwänden oder schleichen durch das Gebüsch am Ufer, lässig, Zigaretten zwischen den schlanken Fingern. Eine Indianerin säugt ihr Jüngstes, einen kränklichen Buben, den sie mir herzeigt: »Er will nicht leben«, sagt sie, »ich weiss nicht, was ihm fehlt.«

Tagsüber ist die West Front Street erfüllt von einem traurig-geschäftigen Leben. Ich gehe umher und frage die Leute, wovon sie leben. Die Leute der West Front Street wissen es manchmal selber nicht. Viele von ihnen sind »on relief«, beziehen Unterstützung, viele suchen Arbeit, viele hungern. Sie scheinen nicht zu wissen, dass es oben, zehn Minuten entfernt, Autostrassen, Delikatessgeschäfte und die modernen, gescheit arrangierten, Zukunft lehrenden Schaufenster der TVA gibt. Zwischen ihren elenden Behausungen, in einer geräumigen Garage, stehen sechs grosse, schwarz lackierte, spiegelglatte Automobile. Wenn die Motoren anspringen und die Wagen in die Strasse einbiegen, erkennt man, dass es Leichenwagen sind. Das ist der einzige Glanz in der West Front Street.

Als ich am Abend die steile Strasse hinuntergehe, tritt ein Polizist aus dem Schatten unter der Brücke und fragt mich, ob er mich »nach Hause« begleiten könne. Und er geht hinter mir her, bis ich den Bereich der Lichtreklamen und erleuchteten Strassen erreicht habe. Ich beuge mich noch einmal über das Brückengeländer. Die West Front Street ist verhüllt von Dunkelheit und Flussnebel. Die »Vision des besseren Lebens« schimmert darüber wie die schwindende Mondsichel …

Holzfäller, Bergarbeiter, Bauern – und ein Farmhaus in den Bergen von Tennessee

Während ein Neger in zerrissenen blauen Baumwollhosen die Scheibe meines Fordwagens reinigt und der Schlauch langsam den Benzinbehälter füllt, fährt eine Limousine in scharfem Bogen zur Tankstelle ein, prallt gegen die Stossfänger meines Wagens, hält mit kreischenden Bremsen. Dröhnendes Gelächter, als der Neger erschrocken zur Seite springt, und aus der Limousine steigen fünf, sechs, sieben Burschen in städtischen Anzügen, die Hüte schief überm Ohr, die Krawatten locker.

»He, Nigger!« – sie schauen sich die Washington-Nummer meines Wagens an. »Kannst du uns nicht vor dieser Yankee-Touristin bedienen? Wir haben es eilig.«

Noch bevor der Neger antworten kann, kommt der Besitzer der Tankstelle aus dem Büro, schiebt sich zwischen die betrunkenen Burschen und fragt: »Ihr seid wohl aus Chattanooga? Willkommen in Monteagle – kann ich etwas für euch tun?« Die höflichen Formeln stimmen nicht ganz mit dem ruhig-drohenden Ton seiner Stimme überein.

Einer der Burschen tritt vor. »Wir sind von der ›Amerikanischen Legion‹«, erklärt er herausfordernd, »und wir haben hier oben geschäftlich zu tun. Kann uns jemand sagen, wo die ›Highlander Folk School‹ ist?« Ich horche auf – die »Hochländer-Schule« bei Monteagle im Staate Tennessee ist mein heutiges Ziel, ich habe den Brief von der »Liga für bürgerliche Freiheiten« in der Tasche, der mich dort einführen soll.

»Was wollt ihr in der Schule?« Als der Mann von der Tankstelle die Frage stellt, haben sich schon ein paar Leute von der Strasse angesammelt und beobachten stumm zuwartend die Legionäre.

»Was wir dort zu tun haben, geht dich nichts an. Aber wenn du es wissen willst: Sie sind Rote und schaden dem Ansehen von Monteagle. Wir werden ein paar Revolver auf sie abschiessen, um sie aus ihrem Nest zu treiben. Kann einer von euch uns den Weg zeigen?«

»Sicher können wir das, wenn wir wollen« – der Mann, der ihnen jetzt antwortet, ist ein »Lumberjack«, ein Holzfäller in blauem Overall und schmutzigem Wollsweater. »Aber wir würden es euch nicht raten hinaufzugehen.«

Der Legionär wirft sich in die Brust. »Du stimmst also mit den Kommunisten überein, wie«, fragt er, »ihr seid wohl alle rot hier oben?«

»Nein«, antwortet der »Lumberjack«, »wir sind keine Kommunisten. Und ob die Burschen von der Schule Kommunisten sind, weiss ich nicht. Ich weiss nur, dass sie nette Leute sind. Und ich rate euch davon ab, zur Schule hinaufzugehen. Ich rate euch ab, das ist alles.«

Der Legionär wendet sich wieder an den Besitzer der Tankstelle. »Was meinst du dazu«, fragt er, »wirst du mit uns hinaufgehen?«

Der Mann nickt gemütlich. »Sicher komme ich hinauf. Und mit mir diese Leute da und hundert andere. Du kannst sicher sein, dass wir vor euch bei der Schule sind – und schiessen können wir auch, wenn es nötig ist.« Die Männer hinter ihm brechen in Gelächter aus. Und selten habe ich sieben Leute so schnell in einer Limousine verschwinden sehen wie die Legionäre, die einen Augenblick später ihren Wagen kehren und in der Richtung nach Chattanooga davonfahren.

»Sie waren betrunken«, erklärt mir der Mann von der Tankstelle – und das bedeutet etwas im Staat Tennessee, wo Prohibition herrscht und nur leichtes Bier verkauft werden darf –, »Legionäre sind meistens betrunken und suchen Händel, wo immer sie hinkommen.«

»Und wie ist es mit der ›Hochländer-Schule‹? Würden Sie mir den Weg erklären?«

Bei einer Tasse Kaffee im Drugstore neben der Tankstelle erzählt mir der Mann, was er und die Leute von Monteagle über die Schule denken. »Ich glaube, man nennt es eine Arbeiterschule«, sagt er – »einer der Lehrer, Myles Horton, ist gleichzeitig ein Organisator für das ›Komitee für Industrielle Organisation‹ (CIO) und ist jetzt sechs Monate unten im Süden für die Industrieorganisation der Textilarbeiter tätig gewesen. Das ist keine leichte Aufgabe, und wer Angst vor Revolvern, Polizei und Gefängnis hat, soll lieber die Finger davon lassen. Aber Myles gehört nicht zu der Sorte von Leuten, die Angst haben. Ein anderer von den Lehrern ist Teffi. Eigentlich heisst er Tefferteller, und seine Stimme hört man zwei Meilen weit durch den Wald, wenn er zum Tanz ruft. Jeden Freitag haben sie den alten John Henry Jones oben in der Schule, den besten Fiedler der Gegend, und seinen Enkel, der Gitarre spielt. Und die Farmer und die Grubenarbeiter von Palmer und die Holzfäller und wir von der Stadt – wir gehen alle hin und tanzen ›Square Dances‹. Teffi ist der Ansager. Und er schwingt die Mädchen herum wie kein anderer!«

Dann erklärt er mir den Weg: links über das Bahngeleise, anderthalb Meilen durch den Wald bis zu einem kleinen Holzhaus mit der Aufschrift »Schule«, dort links abbiegen. Etwa das vierte Haus an diesem Feldweg ist die »Highlander Folk School«.

Die Erklärung ist exakt, aber es ist inzwischen Nacht geworden, Nebel liegt über den Hecken des Feldweges, die Häuser sind unsichtbar. Ich folge dem ersten Licht, gerate an die mit Moskitodraht vergitterte Tür einer Holzhütte, auf der »Terrasse« schwingt eine Hängebank an knarrenden Ketten friedlich auf und ab. Durch die Tür sieht man direkt in die einzige Stube des Häuschens – und ich zögere einzutreten: Beim Licht einer Petrollampe sitzt ein altes Ehepaar, offenbar betend, die greisen Köpfe gesenkt über eine aufgeschlagene Bibel. Als ich schliesslich anklopfe, um nach dem Weg zu fragen, springt der Alte eilig auf, kommt zur Tür und weist mit der Hand nach rechts.

»Sie sind unsere Nachbarn, die Leute von der ›Schule‹«, erklärt er, »meine Tochter ist heute abend dort und tanzt. Jawohl, sie sind gottlose Leute und tanzen.«

»Wir haben auch getanzt, als wir jung waren«, murmelt die Greisin, die bei der Bibel sitzen geblieben ist.

Ich sehe mich im Raum um – ein Tisch, zwei Schaukelstühle, ein grosses eisernes Bett und ein länglicher, gelb bemalter Gegenstand, den ich zuerst für einen Sarg, dann für eine Badewanne halte. »Es ist mein Sarg«, erklärt der Alte, der meinem Blick gefolgt ist, »ich habe ihn wasserdicht streichen lassen, damit ich ihn in der Zwischenzeit als Badewanne benutzen kann.«

Etwas verstört verlasse ich das fromme Haus – und finde endlich das alte Gartentor und das einfache Farmhaus aus Holz mit seinen grossen, hell erleuchteten Fenstern: die »Highlander Folk School«.

Als ich das Wohnzimmer betrete, schlägt mir die angenehme Wärme eines grossen Kaminfeuers entgegen. Myles Horton raucht seine Pfeife. Ruby, eine junge Soziologin, Lehrerin an einem der besten Mädchen-Colleges Amerikas, liest eine Arbeiterzeitung und wühlt von Zeit zu Zeit leise stöhnend in einem Stoss von politischen Wochenblättern, offiziellen Gewerkschaftsorganen des CIO, der »Vereinigten Bergarbeiter«, der »Southern Tenant Farmers Union«. Sie ist hier, um einem Sechs-Wochen-Kurs über die amerikanische Arbeiterbewegung zu folgen, und tut ihr Bestes, um sich dem Stil der Schule und dem kameradschaftlich-männlichen Ton ihrer neuen Umgebung anzupassen. Ein wenig abseits, unbeschäftigt, mit starren, übermüdeten, vom Feuer geblendeten Augen, sitzt »Spright« – ein Junge, dessen wahren Namen ich nicht erfahren habe und der nicht als Lehrer oder Schüler hierhergekommen ist, sondern als Flüchtling. Er war Kettensträfling wegen keines anderen Verbrechens, als weil er in Memphis die Industriearbeiter organisierte. Das CIO kaufte ihn frei, aber er musste den Staat verlassen und kam in die »Highlander Folk School«, um in Sicherheit und in der Ruhe des abgelegenen Berglands Kräfte zu sammeln und sich darüber klarzuwerden, ob er nach Memphis zurückgehen wolle. »Man kennt ihn dort«, erklärt mir Myles in seiner ruhigen und freundlichen Art, »und er weiss genau, dass er – falls er zurückgeht – seines Lebens nicht sicher ist und dass sein Körper eines Tages den Mississippi hinabtreiben wird …« Man lässt »Spright« in Frieden – er schläft viel, geht im Herbstwald spazieren, melkt morgens und abends die einzige Kuh, welche die Schule besitzt (ihr Name ist »Hoboken«) – und verabschiedet sich eines Abends, im städtischen Anzug, mit gepackter Handtasche. »Ich nehme den Autobus nach Chattanooga«, erklärt er einfach, »die Gewerkschaft dort wird mir sagen, wohin ich zu gehen habe …«

Neue Gäste kommen – und obwohl das eigentliche »Semester« noch nicht begonnen hat, ist ein Teil der Betten in der »Highlander Folk School« immer besetzt. Das alte Farmhaus scheint so etwas wie ein Zuhause und sicherer Hafen zu sein – für alle Verfolgten, alle Wissensdurstigen, alle zuverlässigen Freunde der Arbeiterbewegung. Übers Wochenende kommen drei Mädchen, alle drei Organisatorinnen für CIO, alle drei jung, mutig, entschlossen und ihrer Verantwortung bewusst. Alle drei sind, natürlich, selber Arbeiterinnen gewesen und kennen die Verhältnisse in den Textilfabriken, Baumwollspinnereien und -webereien und Bekleidungsfabriken des amerikanischen Südens. Sie wissen, dass im Süden Kapital investiert, Fabriken errichtet werden, weil die Löhne niedriger sind und das Proletariat nicht organisiert ist. Sie wissen, dass dies der grosse Augenblick für das »gemeine Volk« der Südstaaten ist, das in hoffnungsloser Armut lebt, sei es in den Fabriken, sei es auf den Baumwollplantagen, dass durch die Industrialisierung ein »klassenbewusstes« Proletariat entstehen wird, dass es gilt, dieses Proletariat zu organisieren und die Organisation als Kampfmittel zu benützen. Sie wissen aber auch, dass sie als Organisatoren der verhassten Industriegewerkschaften von John L. Lewis nichts anderes erwartet als Verfolgung, Gefängnis und Lebensgefahr. Mary, eines der Mädchen, die als Wochenendgäste in die Schule kamen, muss Montag früh vor Gericht. Sie ist angeklagt, einen Polizisten mit einem Rasiermesser verwundet zu haben. Mary ist ein kleines, stilles Mädchen, das jeden Blick mit einem gütigen Lächeln erwidert. Ihre Freundin Aline, die in der Verhandlung als Zeugin auftreten soll, erklärt mir bitter: »Ich habe diese Gerichtsverhandlungen mit ihren bösartigen Kreuzverhören satt. Ich weiss, wie sie es handhaben. Sie kaufen Zeugen. Und mich werden sie fragen: ›Können Sie schwören, dass Mary D. kein Rasiermesser in ihrem Schuh stekken hatte?‹ – Wenn ich antworte: ›Ja, ich schwöre es‹, dann sagen sie: ›Haben Sie sich während der Prügelei auf der Strasse gebückt, um nachzusehen, ob Ihre Freundin Mary ein Rasiermesser im Schuh stecken hatte?‹ – Und wenn ich antworte: ›Schwören kann ich es nicht, denn natürlich habe ich mich während der Prügelei nicht gebückt, um nachzusehen, ob Mary ein Rasiermesser im Schuh stecken hatte‹, dann sagen sie: ›Also geben Sie zu, dass es möglich ist, dass Mary ein Rasiermesser benützt hat‹ …« […]

Aline ist hart wie ein vierzigjähriger amerikanischer Arbeiter und weise wie eine amerikanische Arbeiterin, die sieben Kinder geboren hat. Sie war im Gefängnis, und sie hat in wenigen Tagen ein paar hundert Arbeiterinnen in einer Fabrikstadt in North Carolina organisiert. Als sie mit ihrer kleinen Freundin Mary in Monteagle den Autobus nach Chattanooga besteigt – es ist zehn Uhr abends, und am nächsten Vormittag müssen sie vor Gericht erscheinen –, sagt sie zu uns: »Good luck to you …«

Inzwischen tanzen im langen Wohnraum der Schule die Farmer, die Grubenarbeiter und Holzfäller mit ihren Mädchen »Square Dances« – Schottisch oder Polka –, was immer auch der Ursprung dieser alten Tänze sein mag, die Leute kennen die komplizierten Figuren und die Worte:

»Fass dein Mädchen bei der Hand,
schwing dein Liebchen von Hand zu Hand,
öffne den Weg für die Meereswelle,
komm zurück und schliess den Kreis …«

Und was die Grubenarbeiter und die Söhne der alten Farmer vergessen haben sollten – die Melodien, »Harfengesänge« und Volkstänze der Appalachischen Berge –, das lehrt sie Teffi, der Meistertänzer und Meistersänger: »Nimm dein Mädchen an der Hand …«

Um halb elf Uhr packt John Henry Jones seine Geige ein, und die Gäste verabschieden sich. Einige von ihnen müssen drei oder vier Meilen durch den Wald nach Hause gehen – sie sind es gewohnt, ihr Weg zu den Holzlagern oder zu den Kohlengruben ist ebensoweit. Myles nimmt ein Mädchen beiseite. »Höre, Anny«, sagt er, »kannst du den kleinen Bob Marlow nach Hause bringen? Ich glaube, er hat Whiskey getrunken. Du weisst, wie es bei ihm zu Hause zugeht …« Anny nimmt Bob bei der Hand. Er ist höchstens zwölf Jahre alt, ein mageres Bürschchen mit Sommersprossen im gelblich-blassen Gesicht. Er hat den ganzen Abend der Musik gelauscht und dabei Zigaretten geraucht wie ein Alter …

Nachdem alle gegangen sind, sitzen wir noch eine Weile beim Feuer. »Friedliche Zeiten«, sagt Teffi und streckt die

Füsse von sich, »keine Vigilanti mit Revolvern in der Tasche, keine Streikbrecher, keine betrunkenen Legionäre. Und wenn sie es doch versuchen sollten, wie in den ersten Jahren, sich in den Büschen zu verstecken oder das Haus anzuzünden, dann sollen sie es eben versuchen. Die Leute in Monteagle sind unsere erste Verteidigungsfront. Als wir letztes Jahr den Streik der Holzfäller organisierten, hatten wir Tag und Nacht Wachen um das Haus. Freiwillige ...«

Es war damals kein gewöhnlicher Streik, es ging um mehr als bessere Löhne oder das Recht, Gewerkschaften zu organisieren: Es ging um den Wald, um das Land. Seit Jahrzehnten haben die Holzgesellschaften den Holzbestand der Cumberland Mountains ruiniert, haben Vermögen verdient und sind weggezogen, als alles kahlgeschlagen war. Die Holzfäller blieben zurück – in den elenden Hütten der »Lumber camps«, ohne Arbeit, ohne Verdienst. Der Wald wächst nach, langsam genug – und als die Holzhändler fortfuhren, den jungen Bestand zu rasieren, setzte der Streik ein. Sie schickten Arbeiter von auswärts, aber die »Hochländer« liessen sie nicht herein und verteidigten den Wald – und ihr Anrecht auf Arbeit – mit ihren Gewehren.

Es gibt viele Geschichten dieser Art. Es gibt die Geschichte der ausgebeuteten Kohlengruben und die heroische Geschichte, wie die Organisierung der Bergarbeiter in dieser Gegend durchgeführt wurde. Heute gehören sie alle der Gewerkschaft der Vereinigten Bergarbeiter (»United Mine Workers«) an, der stärksten Industrie-Gewerkschaft Amerikas. Sie arbeiten grösstenteils unter Kontrakten. Der Leiter des lokalen Distrikts ist ein Halbindianer. Die Neger sind Mitglieder der Gewerkschaft, vollberechtigt mit den

Weissen. Und wer die traditionellen Vorurteile des amerikanischen Südens kennt, wer die Negerfrage in ihrem ganzen tragischen Umfang kennt, der weiss, was diese Errungenschaft der Arbeiterbewegung bedeutet. Man kann den Neger, der für niedrigen Lohn arbeitet, nicht mehr gegen seinen weissen Genossen ausspielen. Aber Myles erklärt uns, dass das Land noch andere Reserven an billiger Arbeitskraft hat. Die Söhne der armen Gebirgsbauern hier oben haben ihr ganzes Leben lang nur Hunger und Kälte und Elend gekannt. Das Durchschnittseinkommen einer Farmerfamilie dieser Gegend beträgt fünfzig Dollar im Jahr. Bob Marlow und seine fünf Geschwister können im Winter nicht in die Schule gehen, weil sie keine Kleider haben. Wenn man Bobs achtzehnjährigem Bruder anbietet, für einen Hungerlohn in einer Textilfabrik in Chattanooga zu arbeiten, wird er gehen. »Aber wenn Bob achtzehn Jahre alt sein wird, dann wird er nicht gehen. Er wird wissen, um was es sich handelt. Bis dahin wird jeder ›Lumberjack‹ und Farmerssohn hier oben Bescheid wissen und einer Organisation angehören. Man wird den Arbeiter nicht mehr durch den Arbeiter bekämpfen und niederhalten können.«

Wenn man Myles so sprechen hört, könnte man ihn für einen Idealisten halten. Aber er ist realistisch wie Teffi, der Volkstänze liebt, wie Tick, der Halbindianer, der seit seinem elften Jahr in einer Kohlengrube gearbeitet hat, wie der junge »Spright«, der genau weiss, warum er in Memphis sein Leben aufs Spiel setzt – wie die ganze »Highlander Folk School«. »Schule« nennt sich dieses Farmhaus in den Tennessee-Bergen, weil Schulung und Erziehung ihr wichtigstes Ziel ist. Um Armut zu bekämpfen, muss man die Unwissenheit der

Armen bekämpfen. Das nächste Ziel heisst: Organisierung des Proletariats – und in dieser Region gibt es keine Grenze zwischen ländlichem und städtischem Proletariat. Myles, der Lehrer, ist gleichzeitig ein Gewerkschaftsfunktionär. Während wir mit ihm in einem klappernden Chevrolet-Wagen über die holprigen Waldwege fahren, zu den Gruben, den Holzlagern, den Arbeitersiedlungen, können wir feststellen, dass er der populärste Mann der ganzen Umgebung ist. Zwischen den Grubenarbeitern und den »Works Progress Administration«-(WPA-)Arbeitern herrscht Unstimmigkeit wegen einiger Fragen lokaler Politik. Die WPA-Leute sind vom Staat angestellte Arbeitslose. Ihre äusserst niedrigen Unterstützungen halten die Löhne der anderen Arbeiter niedrig. Es ist wichtig, dass sie zusammenkommen und eine geeinte Front bilden. Myles spricht mit beiden Parteien. Als wir abends zur Schule zurückfahren, haben wir zwei Bergarbeiter und einen WPA-Mann im Wagen. Sie essen mit uns – es gibt Kartoffeln, Kohl, Tomaten und Milch – und besprechen nachher am Kaminfeuer ihren »Fall«. Als Myles sie ein paar Stunden später nach Palmer zurückbringt, sind sie sich einig …

»Wenn wir hören, wie es unten in den Städten, auf den Plantagen, in den Fabrikdörfern zugeht, denken wir, wir sollten mittendrin sein und die gleiche Arbeit tun und organisieren wie alle unsere Freunde«, sagt uns Teffi eines Abends am Feuer, »aber wenn ich die Leute sehe, die hier in die Schule kommen, um zu lernen oder um uns um Rat zu fragen oder einfach um zu tanzen und die Fiedelmusik zu hören und einen fröhlichen Abend zu haben – oder wenn wir wissen, was die Schule für diese Leute bedeutet –, dann bleiben wir und nehmen an, dass es sich lohnt …«

Wie lebt Aline Bryant, Textilarbeiterin?

In einer Lokalzeitung der Industriestadt Chattanooga, Tennessee, lese ich folgende Notiz: »Mary Carrol, Textilarbeiterin und Gewerkschafts-Organisatorin für TWOC [»Textile Workers Organizing Committee«], dreiundzwanzig Jahre alt, heute verurteilt zu einer Busse von 75 Dollar oder 75 Tagen Gefängnis. Mary, brünettes Mädchen, macht vor Gericht einen ungefährlichen Eindruck. Sie ist angeklagt, während des Streiks in der Chattanooga-Baumwollspinnerei X einen Polizisten tätlich angegriffen und mit Sporen(!), die sie an ihren Schuhen trug, verwundet zu haben. Aline Bryant, Marys Freundin, eine hartgesottene und unerschrockene junge Dame, erfahren in der Taktik, die CIO-[»Committee for Industrial Organization«-]Funktionäre anzuwenden pflegen, macht vergeblich Aussagen zu Marys Gunsten. Der Gerichtsbeschluss ist einstimmig.« [...]

Mary Carrol und Aline Bryant sind Freundinnen von mir. Ich habe sie in einer Arbeiterschule in den Bergen von Tennessee kennengelernt, wo sie eines Samstagabends eintrafen, mit einem Empfehlungsbrief des »Komitees für die Organisation der Textilarbeiter« (TWOC) von Chattanooga in der Tasche.

Mary Carrol machte einen »ungefährlichen Eindruck«, wie die Zeitungsnotiz es bestätigt. Myles Horton, der Leiter der Schule, sagte mir, dass Aline Bryant erst seit einigen Wochen der Gewerkschafts-Organisation des TWOC angehöre und in die Arbeiterschule geschickt worden sei, damit Myles, ein zuverlässiger Mann und erfahrener Psychologe, sie kennenlerne und ein Urteil über sie abgeben könne.

Aline wusste Bescheid. Sie zeigte mehr Erfahrung, mehr Härte, mehr Resignation als Mary. Während des ersten Abendessens war sie schweigsam. Es gab das berühmte Menü der Schule: »Kartoffeln und Kartoffeln« – das sind gebratene Kartoffeln und amerikanische »süsse« Kartoffeln, die der Form einer Birne gleichen und sich wunderbar in der Schale kochen lassen. Nach dem Essen half uns Mary in der Küche beim Abwaschen. Aline, blass, mit rot geschminkten Lippen und übermüdeten Augen, erklärte, dass sie sich ausschlafen wolle. Wir sahen sie erst am nächsten Morgen wieder, um zehn Uhr, als alle Mitglieder und Gäste der Schule längst gefrühstückt hatten. Sie sah ein wenig frischer aus und hatte vergessen, den Lippenstift zu benützen – aber der Ausdruck von Härte, Verachtung und resignierter Trauer auf ihrem blassen Gesicht hatte sich nicht verändert.

Während wir im Wald unser Sonntags-Picknick verzehrten – es gab Eier, Hamburger, Milch und Apfel –, sagte Aline zu Myles Horton: »Mary und ich müssen heute abend mit dem Omnibus nach Chattanooga zurückfahren. Wegen der Gerichtsverhandlung.«

Sie war jetzt weniger zurückhaltend. Die frische Luft, die Herbstsonne und die harmlose Lustigkeit unserer Sonntagsparty gaben ihr ein Gefühl von Freiheit, Sicherheit und Freundlichkeit, an die sie nicht gewöhnt war. Myles fragte sie, ob sie nicht Lust habe, im Winter einen der Sechs-Wochen-Kurse der »Hochländer-Schule« mitzumachen.

»Meinen Sie das im Ernst?« fragte Aline.

»Natürlich ist es mir Ernst damit!« Myles lächelte sie an, sog an seiner Pfeife und fuhr in sachlichem Ton fort: »Wir haben gern Mädchen wie Sie in unseren Kursen – Mädchen mit Erfahrung, meine ich. Sie können die anderen Studenten etwas lehren. Und für Sie, Aline, wäre es gut, einmal aus allem herauszukommen und die frische Luft hier oben zu atmen und alles einmal ruhig zu verarbeiten, was Sie über Fabriken und Fabrikarbeit wissen und über die Leute, die darin leben.«

»Ich habe seit drei Jahren keine frische Luft geatmet«, sagte Aline und fügte mit ihrer sachlichen, abweisenden Stimme hinzu: »Hier oben zu sein – das wäre eine Art von Paradies.«

Aline ist vierundzwanzig Jahre alt. Sie hat seit sieben Jahren in verschiedenen Textilfabriken gearbeitet. Sie hat Spindeln ausgewechselt, Batterien mit Spulen gefüllt, am Webstuhl Fäden geknüpft, an der Nähmaschine Taschen an Jacken, Hosen und Overalls aufgenäht. Am Anfang arbeitete sie zehn Stunden täglich, zuletzt neun. Das war in der Woolen Mill von Cleveland, Tennessee, der grössten Wollfabrik im Süden. Die Schicht dauerte von 6.20 Uhr morgens bis 15.30 Uhr nachmittags, mit einer Lunchpause von zwanzig Minuten. Samstags und sonntags wurde nicht gearbeitet. »Die meisten Frauen sind verheiratet«, erklärte Aline, »sie brauchen den Samstag, um zu waschen und zu bügeln, den Sonntag, um das Haus zu reinigen.« Dort, in Cleveland, hat sie die Einführung des Bedaux-Systems erlebt.

»Ich galt als rasche Arbeiterin«, erklärte sie, »daher suchten sie mich aus, um herauszufinden, wieviel man an der

Maschine in einer Minute leisten kann. Ich arbeitete damals an der Nähmaschine, an einem langen Tisch, der ähnlich war wie ein laufendes Band. Am Ende des Tisches war die Hose fertig. Als das Bedaux-System eingeführt wurde, stellten sie einen Mann mit einer Stoppuhr und einer Tabelle neben mich, der alles genau aufschrieb: wie lang ich brauchte, um einen Faden zu knüpfen, abzuschneiden oder eine Tasche aufzunähen. Ein paar Tage später wurde das ›System‹ eingeführt. Man sagte uns, dass wir von nun an sechzig Bedaux-Punkte pro Minute arbeiten müssten. Wir wussten nicht genau, was damit gemeint war, aber wir wussten, dass man arbeiten musste wie der Teufel, um es einzuhalten. Wer weniger als sechzig Punkte arbeitete, wurde gebüsst. Später wurden viele Mädchen deswegen entlassen – und das war die Absicht: Arbeiter zu sparen und nur die besten zu behalten. Wer mehr als sechzig Punkte machte, sollte eine Prämie bekommen. Aber auch die schnellsten Arbeiter gaben es nach einer Weile auf – und ein guter Bedaux-Arbeiter ist nach einem Jahr erledigt. Jüngere kommen nach – man holt sie aus dem Hinterland, aus den Bergen, und sie wissen nicht, was ihnen bevorsteht.«

Aline wurde aus der Cleveland-Fabrik entlassen, als sie der Gewerkschaft des TWOC beitrat. Sie war jung und intelligent, und man gab ihr den Auftrag, die Arbeiterinnen einer Weberei in einem abgelegenen Fabrikort zu organisieren. Die Arbeiterinnen waren innerhalb eines Jahres zweimal »gestreckt« worden, das heisst, sie wurden durch das Bedaux-System gezwungen, höhere »Normal-Quoten« zu leisten. Aline organisierte einen Streik gegen das »Streck-System«. Als ein Polizist sie misshandelte und sie sich zur

Wehr setzte, wurde sie verhaftet und zu zwei Monaten Gefängnis verurteilt. Aber die Organisierung der Arbeiterinnen war gelungen, und die Fabrik musste sich schliesslich dazu herbeilassen, einen Arbeitsvertrag mit dem TWOC zu unterzeichnen, der weiteres »Strecken« durch das Bedaux-System verbot.

»Aber es wird noch lange dauern, bis wir das ganze Land organisiert haben«, sagte Aline, »sie arbeiten gegen uns mit Polizei und Gas und Kugeln und Gefängnis. Sie schüchtern die Leute ein und sagen, dass wir ›Unruhestifter‹ seien. Das Gefängnis war eine Erfahrung wie jede andere. Und morgen kommt Mary an die Reihe …«

»Haben Sie nicht manchmal Angst?« fragte ich.

Aline schüttelte ruhig den Kopf. »Nein«, sagte sie, »Angst habe ich nicht. Wenn etwas auf einen zukommt, dann muss man es eben nehmen und hoffen, dass man mit dem Leben davonkommt, das ist alles.«

In den Cumberland-Bergen

Wir waren froh, als wir endlich die Bahnstation und den General store fanden, wo es einen geheizten Ofen und heissen Kaffee geben sollte. Ein Bergarbeiter von Palmer hatte uns den Weg erklärt, aber obwohl Myles [Horton] sich in dieser Gegend gut auskennt, hatten wir uns offenbar mehrmals geirrt, waren kreuz und quer, hügelauf und hügelab durch den Fichtenwald gefahren, es waren überall die gleichen Lehmwege, uneben, rötlich, vom Novemberregen aufgeweicht, manchmal mit Schlacke bedeckt – und auf beiden Seiten der Wege standen die Hütten der Bergarbeiter, aus rohem Holz gezimmert, nicht gestrichen, weil das Geld für die Ölfarbe nicht reichte. Die Balken faulten, das Dach war nicht dicht, zerbrochene Fensterscheiben waren mit Zeitungspapier verklebt oder mit einem Brett zugenagelt.

In Palmer, wo die Kohlengesellschaft ihre Büros, ein grosses Lagerhaus und einen Laden hat, wollte Myles sich nicht aufhalten. Der Streik war noch nicht beigelegt, und Myles, Leiter der »Hochländer-Schule« und CIO-[»Committee for Industrial Organization«-]Organisator, war bei den Herren von der Grubengesellschaft unbeliebt. Die Anfangsbuchstaben des »Komitees für Industrielle Organisation« sind ebenso gehasst und gefürchtet wie der Name seines Präsidenten, des Gewerkschaftsführers John L. Lewis. In der »Hochländer-Schule« schnappen die Bergarbeiter und Bauern der Cumberland-Berge neue Ideen auf, sie lernen, dass die amerikanische Verfassung jedem Bürger das Anrecht auf »Leben, Freiheit und das Streben nach Glück« zugesteht und dass es ein besseres und glücklicheres Leben gibt als das Leben in Armut, das sie führen. Sie hören die gefährliche Lehre von der Macht, die selbst den Ärmsten, den Arbeitslosen, den »vergessenen Männern« gegeben wird, wenn sie sich organisieren und zusammentun. Was sie in der »Hochländer-Schule« gelernt haben, wenden sie nachher an in den Lagern der Holzfäller und den Siedlungen der Bergarbeiter. Die Herren der Grubengesellschaft und der Holzgesellschaft erklären ihren Arbeitern, dass die CIO-Organisatoren Fremde sind, Rote, Ausländer aus dem Norden. »Wenn Ihr der CIO-Gewerkschaft beitretet, dann wird Euer Geld nach Russland geschickt, und nach Spanien, wo die Roten die Kirchen anzünden.«

Die Männer und Frauen der Cumberland-Berge sind fromm, und sie trauen keinem Ausländer. Aber ebensowenig trauen sie dem »Boss«, dem die Kohlengruben und die Wälder gehören, der selber ein »Ausländer« ist und in der Stadt wohnt und selten in die Hügel heraufkommt. Wenn er kommt, sitzt er in einer grossen, blanken Limousine und trägt eine Krawatte, sogar werktags. Myles ist kein Fremder, er ist einer von ihnen, ein Farmersohn, er spricht ihre Sprache, raucht den gleichen Tabak, und am Samstagabend kommen die Fiedler in die »Hochländer-Schule«, ein Feuer brennt im Kamin, und die »Hillbillies« und »Lumberjacks«, die Jones und Marlton und Myles tanzen »Square Dances«. Tefferteller, der auch zur Schule gehört, und den sie Teffi nennen, ruft die Figuren zum Tanz aus, mit einer Stimme, die man drei Meilen weit durch den Wald schallen hört. Niemand in Grundy County weiss genau, was ein

»Roter« ist. Aber alle wissen, dass Myles und Teffi richtig sind und dass man ihnen trauen kann.

Alle Bergarbeiter von Grundy County sind organisiert. Viele von ihnen sind arbeitslos, denn die Gruben der Cumberland-Berge sind alt und geben nicht mehr viel Kohle her. Fast alle Holzfäller (»Lumberjacks«) sind arbeitslos, weil ein Holzspekulant aus Chattanooga vor dreissig oder fünfzig Jahren den Wald kahlgeschlagen und das Holz in den Norden verkauft hat. Auf den kahlen Hängen der Hügel sammelt sich das Wasser im Frühling und frisst sich in die Erde ein, so dass das Land unbrauchbar wird.

Inzwischen ist der Wald nachgewachsen, aus dem dichten Unterholz streben die jungen Fichtenstämme ans Licht. Die Farmer und Holzfäller haben von Myles gelernt, dass der Wald, wenn man ihn schont und pflegt, Reichtum bedeutet. Als ein neuer Holzspekulant auf dem Plan erschien, um den jungen Wald in Grundy County kahlzuschlagen, weigerten sich die »Lumberjacks«, an die Arbeit zu gehen. Der Spekulant hatte das Land um den Wald gekauft, aber die Farmer und die arbeitslosen Holzfäller taten sich zusammen, um ihr Land und ihren Wald zu schützen. Als die Polizei kam, um sie zu zwingen, die Bäume zu fällen oder anderen Holzfällern Platz zu machen, die man von auswärts geholt hatte, nahmen die Männer von Grundy County ihre Flinten und verteidigten den Wald. Es war nichts dagegen zu machen. Der Spekulant musste einen Vertrag unterzeichnen, nicht mehr Holz zu fällen, als für den Wald gut war. Das war der erste erfolgreiche Streik in Grundy County. Seither macht die Organisierung Fortschritte. Sogar die »Works Progress

Administration«-(WPA-)Leute, die für die Regierung Notstandsarbeiten ausführen und die Wege reparieren, die der Grubengesellschaft gehören, haben sich organisiert. Sie streikten, als sich herausstellte, dass die ohnehin minimalen Löhne, die sie als »Unterstützung« bezogen, gegen diejenigen der Bergarbeiter ausgespielt wurden, um auch deren Löhne zu drücken. Und mit den WPA-Leuten streikten die Bergarbeiter.

Myles weiss, dass der Streik beendet sein muss, bevor es in den Cumberland-Bergen Winter wird. Bittere Armut herrscht in den Hütten der Farmer, acht- und zehnköpfige Familien können im ganzen Jahr nur fünfzig Dollar ausgeben. »Camp four«, ein Holzlager, wo früher Stämme, Balken und Bretter zu riesigen Stapeln anwuchsen, Sägemaschinen ratterten, liegt still. Ein mageres Maultier stampft im Kreis über knisterndes Zuckerrohr und dreht die primitive Mühle, wo die arbeitslosen Holzfäller ihr Maisbrot hersteilen. Maisbrot, manchmal ein Happen Schweinefett, das ist das mindeste, was man zum Leben braucht.

Jetzt herrscht Not auch in den elenden Häusern der Bergarbeiter. Myles fährt nach Palmer, um zu hören, was die Grubenarbeiter vorzuschlagen haben. Er fährt nach »Camp four« und redet mit den »Lumberjacks«, und er fordert WPA-Männer und Grubenarbeiter auf, in den Laden bei der Bahnstation zu kommen und mit ihm zu besprechen, wie der Streik beendet werden kann. Der Bahnhof liegt mitten im Wald, er besteht aus einem langen Lagerschuppen und einer Laderampe, wo ein paar Männer mit vom Frost geröteten Gesichtern Bretter von einem Lastwagen in einen Waggon schaffen. Der Laden ist ein fensterloser Raum mit vergitterter Tür, durch die spätes Nachmittagslicht eindringt. Vor dem Laden überdeckt ein primitives Dach die Benzinpumpe. Lastwagen halten, die Chauffeure, in Ohrenmützen und Lederjacken, trinken drinnen eine Flasche Coca-Cola, bevor sie weiterfahren.

Der General store ist der Ahne des Drugstores – anstelle der sauberen weissen Theke wird ein Ladentisch aus rohem Holz zum Biertrinken und Kartenspielen verwendet; Kaffee wird hinten in der Küche des Besitzers gekocht; es gibt alles, was ein Siedler im Hinterland braucht, von der Rasierseife bis zum Kautabak, von den Konserven bis zum Schweinespeck, von elektrischen Taschenlampen bis zu Wasserstiefeln. Und rings um den eisernen Ofen in der Mitte des Ladens versammeln sich abends die Farmerbuben, die »Lumberjacks«, die Arbeiter und reden über Politik und Hochzeiten, über Streik und Löhne, über die Ernte und über das Wetter.

Als wir mit Myles den General store betraten, waren schon ein paar Männer versammelt, sie schüttelten Myles die Hand, rückten ein paar leere Bierkisten zum Ofen und forderten uns zum Sitzen auf. Der Ladenbesitzer holte ein Stück Käse und alte Maiskuchen vom Gestell, seine Frau verschwand im Hinterzimmer, um Kaffee aufzuwärmen. Drei Burschen, die an der Theke sassen und Karten spielten, wandten sich zu Myles. »Warte einen Augenblick«, sagten sie, »wir machen nur das Spiel fertig« – und schmetterten die Karten auf den Ladentisch. Es war nicht nur die Geste, die mir vertraut vorkam. Sie spielten mit wenigen Karten, ein Bündel mit ausgeschiedenen niedrigen Nummern hatten sie sorgfältig beiseite gelegt.

»Wie heisst das Spiel?« fragte ich – mir dämmerten beim Knallen der Karten Erinnerungen, wie es sonst durch lange vergessene Melodien und Gerüche zu geschehen pflegt.

»Jass«, sagte einer der Spieler, ohne aufzusehen.

»Aber das ist ein Schweizer Spiel!«

»Sure«, antworteten die Burschen, »wir haben es von den Schweizern gelernt. Alle Leute hier in unserer Gegend spielen Jass.«

Der Ladeninhaber mischte sich in das Gespräch. »Mein Bruder hat ein Schweizer Girl geheiratet«, sagte er, »ihre Leute heissen Hunziker und haben eine Farm im Gruetli. Die Schweizer von Gruetli haben die besten Farmen und die fettesten Kälber und machen roten Wein. Sie verstehen sich aufs Bauern.«

So erfuhr ich zum ersten Mal, dass zur Gemeinde Grundy County – einer Gemeinde von Holzfällern, Grubenarbeitern und Farmern – etwa 24 Schweizer Landsleute gehören, zu den angelsächsischen Marlton und Jones die Zürcher Suter, die Luzerner Stocker, die Aarberger Stämpfli, die Bon, Luchsinger, Schild und Schiesser. Die ersten Schweizer sind 1869 herübergekommen und haben ihre Siedlung Gruetli getauft, die letzten kamen kurz vor dem Weltkrieg – viele Familien sind seither ausgestorben oder wieder abgewandert; die, welche blieben, haben dem kargen Boden von Tennessee mehr Wohlstand abgerungen als die alten angelsächsischen Siedler. »Und sie haben das beste Kartenspiel erfunden«, sagte mir Myles, »wir haben es während des Streiks ausprobiert. Nichts ist besser, um die Zeit hinzubringen und die Moral zu stärken, als ein richtiger Jass.«

Als wir endlich den General store verliessen, war es draussen dunkel, Nebel hing zwischen den Fichten, es war bitter kalt. Wir nahmen vier Männer in unserem Wagen mit – Männer mit Lederwesten und dünnen Baumwollhosen, mit ernsten, hageren Gesichtern, die schweigsam an ihren Pfeifen sogen.

»Wir fahren zuerst in die Schule zurück«, schlug Myles vor, »dort gibt es für alle etwas Warmes zu essen. Dann telephoniere ich nach Palmer, und wenn der Boss von der Grubengesellschaft herüberkommt und bereit ist, die Sache mit uns zu besprechen, dann wissen wir, was wir ihm vorschlagen wollen.«

Die Männer waren einverstanden. Nur einer bestand darauf, nach Hause zu gehen, seine Frau warte auf ihn. Er schien älter als die anderen. Sein gelbes Gesicht war mit grauen Bartstoppeln bedeckt, graues Haar wuchs ihm lang in den Nacken.

»Sag deiner Frau, dass der Streik bald fertig sein wird«, sagte Myles zu ihm, als wir am Rand der Strasse hielten, »und wenn sie etwas braucht, Milch oder Gemüse für die Kinder, soll sie in die Schule herüberkommen.«

Die Hütte des alten Mannes lag einige Schritte von der Strasse entfernt, im Gebüsch. Die Tür wurde geöffnet, im schwach erleuchteten Türrahmen stand seine Frau. Der Mann ging dem ausgetretenen Pfad entlang auf sie zu. Die Tür schloss sich.

»Er hat unter dem Streik gelitten«, sagte Myles, »er ist nicht so alt, wie er aussieht. Er hat fünf Kinder, die er nicht zur Schule schicken kann, weil sie keine Kleider haben.«

»Weiss Gott, wir streiken nicht zum Spass«, sagte einer der Männer, »aber während eines Streiks zeigt es sich, was ein Mann wert ist.«

»Er hat die Frau, und die Kinder, und kein Essen im Haus. Wahrscheinlich macht ihm die Frau die Hölle heiss – und er hat trotzdem durchgehalten«, sagte Myles.

Wir bogen durch das Holzgatter zur »Hochländer-Schule« ein. Einer hinter dem andern betraten die Männer das Haus. Aus dem Wohnraum schlug uns die Wärme eines mächtigen Kaminfeuers entgegen.

Chattanooga, Birmingham, Siluria, Montgomery, Tuskegee, Columbus Notizen

11. November {1937} Chattanooga–Birmingham
Einige Meilen hinter Chattanooga »Umweg« – der uns in den Hügelzug rechts von der grossen Strasse führt. Lehm, aufgeweicht durch strömenden Regen. Wahl zwischen tiefem Graben und steilem Hang. Nach etwa 15 Meilen ist es so weit, dass der Wagen sich sanft im Kreis dreht.

Auf der Landstrasse ein neues Hindernis: Lastwagen im Lehm festgefahren. Ein Chauffeur, der mit »eiserner Faust« steuert, fährt mit uns bis Gadsden. Gadsden eine jener trostlosen Fabrikstädte, deren Häuserbaracken, auf Pfählen über dem feuchten Boden aufgerichtet, immer von Rauch und Nebel umlagert scheinen. Die Strumpffabrik ein düsterer, alter Bau – umgeben von Stacheldraht. Die grösste Industrie in Gadsden ist Goodyear Autoreifen.

In Birmingham: Hotel Hilton. Gross, kahl, unglaublich schmutzig. In der Halle immer Gruppen von Kaugummi spuckenden, verdächtig aussehenden Männern.

Wir sehen am nächsten Morgen Mrs. Clara Martin – eine dicke, junge, rosige Frau mit Brille, gescheiten, hellen Augen, angenehmen Händen. Verschwendet enorme Energie, wenn sie spricht. Ist CIO-[»Committee for Industrial Organization«-]Organisatorin (TWOC [»Textile Workers Organizing Committee«]), besonders interessiert für Frauen und Kinder. Sagt, Zustände sind haarsträubend, können gar nicht »übertrieben« werden …

Vorher arbeitete sie für [die] staatliche Unterstützung – WPA [»Works Progress Administration«] – »aber ich bin mehr für die Arbeiterschaft interessiert, weil sie die Majorität des Volkes ist«. Smithfield [Court] – Neger-Projekt [in Birmingham] der RA [»Resettlement Administration«].

»Wenn man die Neger unten im Graben hält, müssen einige weisse Leute auch unten mit ihnen bleiben«

»Solange man die Neger zwingt, unten im Schmutz zu liegen, werden einige Weisse mit ihnen dort unten bleiben«

Sie rät uns, nach *Siluria* (25 Meilen von Birmingham) zu fahren. Ein Fabrikdorf zwischen Birmingham und Montgomery. Äusserlich gut wirkende Company-Häuser, aber kein fliessendes Wasser, und die Toiletten ausserhalb des Hauses. Eindruck finster – die Leute leben wie im Gefangenen-Lager. Die Fabrik läuft drei Tage wöchentlich.

12. November [1937] abends *Montgomery,* Alabama

Bezaubernder Eindruck: Die breite Strasse, gesäumt von alten Häusern mit weissen Säulenfronten, führt zum blendend weissen, schön erleuchteten Kapitol. Montgomery war zur Zeit des Bürgerkriegs Hauptstadt der Konföderation der Südstaaten. Baa [Barbara Wright] und ich wohnen fein, trinken ziemlich viele Cocktails im »Trommelraum« [»Drum Room«] – der hübschen Bar des »Jefferson Davis«.

13. November [1937] *Fahrt nach Columbus, Georgia*

Wir brauchen sechs Stunden oder mehr für 120 Meilen – nicht wegen der schlechten Strasse, sondern weil wir »das

Land photographieren« – nachdem wir schon den Negermarkt (Maultiere, Baumwolle, Baumwolle) in Montgomery geknipst haben – und Zuckerrohr und sehr buntes Obst.

Wir sind jetzt tief im Black Belt – und am erstaunlichsten ist *Tuskegee* – die Stadt, wo der Neger Booker T. Washington eine Negerschule gegründet hat. Er war ein liberaler Mann, – der aber das Schicksal seiner Rasse tragisch empfand. Sein College bezweckt nicht Erziehung und Emanzipation – sondern Resignation: die Neger sollen in ihrer »Klasse« bleiben, und Handwerk erlernen! –

Die Stadt des unaufhörlichen Versprechens

Birmingham, eine Stadt in Alabama, wurde im Jahre 1870 von ein paar Spekulanten gegründet. 1870, – das heisst: kaum vier Jahre nach dem Ende des amerikanischen Bürgerkriegs und der unheilvollen Niederlage der Südstaaten. 1861 hatte der Sonderbund der Sklavenstaaten, die »Confederacy«, Jefferson Davis zu ihrem Präsidenten gewählt. Im gleichen Jahr hatte sich der seit 1819 bestehende Staat Alabama dieser Konföderation angeschlossen. Ihre Hauptstadt, Montgomery, ist heute eine romantische Stadt mit einem grünen Hügel, auf dem die weisse Kuppel und die weissen Säulengänge des Kapitols nachts künstlich beleuchtet werden, mit vornehmen Häusern, einem Negerquartier, Obstständen voller Orangen, Grapefruits und Zuckerrohr, einem alten »Southern Hotel«, dessen schäbige Veranda von dünnen Holzsäulen getragen wird, – mit einem Baumwollmarkt, wohin die schwarzen und weissen »Sharecroppers«, die Baumwollpflücker, ihre Ballen in Maultierkarren bringen. Seit langer Zeit geht es mit der Baumwolle bergab. Es schwinden die ausländischen Märkte, es schwindet die Fruchtbarkeit des Bodens, der von langem Anbau erschöpft ist. Die schlimme Seuche, genannt »Boll weevil«, hielt ihren Einzug auf den Plantagen und auf den armen Feldern der Baumwollpächter. Die Weltkrise meldete sich an, die Baumwollpreise sanken [1931], gewissermassen unter den Nullpunkt, auf 5,6 Cents für das Pfund. Die Söhne der Sklaven und die armen Weissen frohlockten: »König Baumwolle wird entthront«, und eine Kleinstadt errichtete auf ihrem Marktplatz dem »Boll weevil«, der von Gott gesandten Baumwollseuche, ein Denkmal. Gescheite Leute wussten, dass das Ende der Baumwolle das Ende des »Plantagen-Systems« und des »Sharecropper-Systems« bedeutete. Aber trotzdem widerhallte das Land des »Baumwollgürtels« von der Klage der armen Kreatur, von der Klage des »Sharecropper«, der mit dem Ende der Baumwolle sein eigenes Ende herannahen sah.

Was bedeutete die »Entthronung des Königs Baumwolle« für die, die frohlockten und der »Boll weevil«-Seuche ein Denkmal errichteten?

Die »Sharecroppers«, – die Pächter und Taglöhner, die Männer, Frauen, und Kinder, – die armen Weissen, und ihre gehassten Kollegen, die Farbigen, sie alle hatten sich seit dem Sezessionskrieg daran gewöhnt, dass das Schicksal, das ihnen gemeinsam war, »Baumwolle« hiess. Niedrige Baumwollpreise hiessen weniger Kredit im Laden des Plantagenbesitzers, weniger Holz zum Heizen, weniger Maisbrot, Molasse und Schweinefett. Die Regierung in Washington schickte Geld zur Entschädigung. Aber die Summen des »NRA«, des »National Recovery Act« [eigtl. »National Recovery Adminstration«], kamen mehr den Plantagenbesitzern, den Landherren zugute als den »Pflückern«. Und die Neger deuteten die drei Buchstaben [NRA] traurig als »Negroes rarely admitted«, – »Neger selten zugelassen«.

Die Züge füllten sich, die in die grossen Städte fuhren: nach Detroit und Chicago, nach Alabama, nach Birmingham. Die Städte waren das gelobte Land, wo nicht Milch und Honig reichlich floss, wo aber ein bescheidener Mann Arbeit und Bargeld zu finden hoffte, zum täglichen Brot für sich, seine Frau, und seine Kinder.

Birmingham hiess »die Stadt des unaufhörlichen Versprechens«. – Sie wurde gegründet, kurz nach der bitteren Niederlage im Bürgerkrieg, kurz nach der Sklavenbefreiung, – kurz nach dem Triumph des geldgierigen, städtereichen, kulturlosen, revolutionären Nordens über den Süden mit seinen Baumwoll-, Reis- und Zucker-Plantagen, seinen grossen Herren aus englischen aristokratischen Familien, seinen weissen Säulen, seiner »Antebellum«-Kultur, und seinen Sklavenquartieren. Die Kapitalisten und Fabrikherren aus dem Norden hatten soeben gesiegt, als Birmingham im Staate Alabama gegründet wurde. Und es wurde gegründet von schlauen Spekulanten, weil sie wussten, dass es in der Umgebung der neuen Stadt genug Kohle, Eisen, und Limestone gab, um hier die grösste Stahlindustrie der Welt aufzubauen. Birmingham, Alabama, wurde bevölkert mit dem Abschaum zweier Rassen, die sich gegenseitig fürchteten. Ein Jahr später, 1871, sagte der Eisenkönig Abram S. Hewitt: »Die Tatsache steht fest. Alabama wird das industrielle Zentrum des Erdballs sein.«

Es folgte Versprechung nach Versprechung. »Birmingham wird 1940 die Stadt Pittsburgh überflügelt haben«, hiess es, – und: »Birmingham wird die grösste amerikanische Binnenstadt werden.« – Im Jahre 1937 erklärte ein Ingenieur vor den versammelten Mitgliedern einiger vornehmer und reaktionärer Herrenclubs in Birmingham: »Meine Herren, – Alabama verfügt über unendliche Reserven an potentiellen Reichtümern.«

Aber trotz Roheisen und Kohle ist Birmingham heute eine der ärmsten Städte Amerikas. Es gibt in den Vereinigten Staaten 94 Städte mit mehr als 100 000 Einwohnern.

Unter ihnen verzeichnet Birmingham mit seinen 250 000 die niedrigsten Ausgaben pro Kopf der Bevölkerung. Als der »New Deal« Roosevelts ins Leben gerufen wurde, war Birmingham eine der Städte, die am dringendsten der staatlichen Unterstützung bedurften. Krankheiten wie die Syphilis waren in Birmingham am meisten verbreitet. In seinem Negerviertel hat die Regierung eines ihrer wenigen Negerprojekte ausgeführt: das Wohnungsprojekt »Smithfield Court«. Neben den noch nicht benützten Wohnungen mit ihren sauberen Räumen, elektrischen Kochherden und Heizanlagen hausen Tausende von Negern noch in elenden Hütten ohne Licht und Wasser. Die Ziffer der Arbeitslosen und Unterstützungsbedürftigen ist hoch, die Löhne derjenigen, die arbeiten dürfen, sind ausserordentlich niedrig. Die Stahlwerke von Birmingham sind von einem der riesigen amerikanischen Stahltrusts aufgekauft worden. »Kapital aus dem Norden« ist heute die Hoffnung des amerikanischen Südens. Der »gemeine Mann« weiss, dass der Kapitalist aus New York und Boston nach Alabama kommt, weil hier die Löhne niedrig, die »Hände« der Arbeiter billig zu haben sind. Der durch den Bürgerkrieg ruinierte Aristokrat des Südens hasst den »Yankee« aus dem Norden, weil aus dem Norden nichts Gutes kommen kann. – Birmingham sollte Pittsburgh überflügeln und das industrielle Zentrum des Erdballs werden. Die ganze Nacht hindurch glühen seine Hochöfen, und jagen Funkengarben in den blauschwarzen Himmel. Arme Weisse arbeiten in den Fabriken, vergessene Männer, Leute aus dem Hinterland. Neger, Enkel von Sklaven, verrichten die niedrigste und schmutzigste Arbeit. Kohle ist vorhanden, Roheisen ist vorhanden, Limestone ist vorhanden. Birmingham ist eine grosse Stadt geworden, mit Stahlwerken, Hochöfen, Kinos, Strassenbahnen, Hotels, Zeitungen, – und ist immer noch eine der ärmsten Städte Amerikas. Die Menschen, die in Birmingham arbeiten, haben nie genug Geld verdient, um ein Hemd aus Baumwolle zu kaufen, die von ihren Vätern und Brüdern draussen auf den Feldern von Alabama gesät und geerntet wird. Die alte Sklavenpsychologie regiert in den Fabriken von Birmingham wie auf den Plantagen des Staates Alabama. Die Seuche »Boll weevil« hat die Baumwollfelder ruiniert. Die Proleten, die schwarzen und die weissen, warten auf ein ähnliches Zeichen, um sich gegen ihre Herren, gegen ihr Schicksal, gegen die Armut zu erheben. »Schlechte Zeiten kommen zuerst nach Birmingham, und bleiben am längsten«, lautet der Spruch. Aber auch die langmütigste Geduld muss einmal ihr Ende finden. Birmingham ist reich an »potentiellen Reichtümern«. Industrie kommt in den Süden. Sie kommt, um die »billigen Hände« auszubeuten. Aber die weissen und die schwarzen Männer von Birmingham sind nicht mehr die gleichen, die vor 77 Jahren in die Stadt des »unaufhörlichen Versprechens« kamen.

Birmingham erlebt heute seine »zweite Stunde«, – der Süden verändert sich, die Baumwolle bringt nichts mehr ein, die Felder sind erschöpft, und gehören, ausserdem, grossenteils den Landbanken und Versicherungsgesellschaften. Industrie heisst die neue Hoffnung, – und Birmingham hat, immer noch, seine potentiellen Reichtümer, sein Roherz, seine Kohle. 1870 wurde viel Geld in die Stadt investiert. Es hat sich nicht gelohnt. Birmingham heisst noch immer die Stadt des »unaufhörlichen Versprechens«. Sonntags sind die Kirchen überfüllt. Die Neger singen schwermütig und inbrünstig. Sie glauben an das Paradies. Sie verwechseln das Paradies mit dem, was ihnen einst in der Stadt Birmingham versprochen wurde. Sie singen:

»Wenn die Sonne nicht mehr scheinen will,
wenn die Heiligen in den Himmel einziehen,
dann, o Herr, möchte ich in der Zahl derer sein …«

Baumwollkrise in Alabama

Frühmorgens, an einem kalten Novembertag, verlassen wir Birmingham, die düstere Hochburg der Stahlindustrie des amerikanischen Südens, welche »die Stadt des unaufhörlichen Versprechens« genannt und von nüchterner Geschäftigkeit und grauer Armut regiert wird. Die Strasse führt einen Hügel hinauf, aus den Quartieren der Neger in die etwas besseren Viertel, und schliesslich vorbei an den Gärten und barocken Prunkvillen der wenigen Reichen. Fern, am anderen Rand der Stadt, ragen Fabrikschlote auf, schleudern Hochöfen ihre Feuersäulen in den trüben Himmel. Rauchschwaden liegen über Birmingham wie schwere Gewitterwolken, die es doch in dieser Jahreszeit nicht geben kann. Unser kleiner Wagen rollt weiter, hügelabwärts, die Fabrikschlote sinken unter den Horizont, und vor uns öffnet sich weites Land, gewellt zuerst, durchsetzt von Wald, dann flach und öde wie ein in Winterkälte erstarrtes Meer. So farblos ist dieses Land, dass man die Grenze von Maisfeldern und Weiden und Baumwollfeldern nicht unterscheiden kann, und so eben, dass Himmel und Erde sich zu berühren scheinen. Die Erde von Alabama ist es, die ausgebeutete und müde Erde des Baumwollgürtels, der sich ausdehnt vom Meer bis zum Gebirge, von den einst rührigen, jetzt still romantischen Hafenstädten bis zu den kleinen Farmhäusern der Piedmont- und Cumberland-Berge und bis zu den bedrohten Ufern des gewalttätigen Riesenstromes von Amerika, bis zum Mississippi.

Hier hat die Industrie noch nicht Einzug gehalten, die heute mit solch ungeheurem Impetus in den Süden vorstösst. Kaum ist es glaubhaft, dass wir noch gar nicht weit sind von Birmingham, dessen trauriges Bild, ein Symbol getäuschter Hoffnungen, vielleicht Symbol einer Zukunft ist, von der das schweigsame Land ringsum noch nichts weiss. Einen Monat zuvor war die Baumwolle reif – Neger und Weisse, Männer, Frauen und Kinder, schleppten ihre langen Säcke durch die Felder, sammelten die Bollen ein und brachten sie zur Waage des Plantagenherrn, der ihnen die Hälfte ihrer Ernte abnahm, ihnen die andere Hälfte verrechnete gegen alte Schulden und neuen Kredit. Mit leeren Händen und einer Abrechnung, die sie nicht verstanden und nicht kontrollieren konnten, kehrten sie zurück in ihre Hütten, warteten auf einen langen Winter, gewohnt, Kälte, Hunger und Elend mit stumpfer Resignation über sich ergehen zu lassen.

Noch jetzt sehen wir da und dort einen Negerbuben, eine ausgemergelte Frau gebückt vorrücken, den Sack über der Schulter, und mit langsamem Griff die letzten weissen Baumwollbollen pflücken. Rauch steigt aus den Backsteinkaminen der Hütten, deren windschiefe Bretterwände und Wellblechdächer sich kaum über die verdorrten Stauden erheben. Wind zieht über die Felder und trägt ein bisschen Regen und ein paar verlorene Wolken mit sich. Am Rand der Landstrasse erhebt sich ein Haus mit einer Veranda und einer noblen Front von weissen Säulen. Stuck fällt von den Wänden, die hohen Fenster sind trübe, Anzeichen von Armut und Zerfall stören das herrschaftliche Gepräge. Ein altes Plantagenhaus, wissen wir, einst bewohnt von einer aristokratischen Pflanzerfamilie, die Sklaven und Maultiere und Felder ihr eigen nannte, deren Söhne vielleicht im Bürgerkrieg gefallen sind, deren letzte Nachkommen in Atlanta, Montgomery oder Columbus ein Leben stolzer und verbitterter Armut führen – deren Land jetzt einer Bank gehört oder einer Versicherungsgesellschaft.

Wir haben solche Familien kennengelernt und ihre traditionelle »südliche Gastfreundschaft« genossen – sie gaben Cocktail-Partys, boten uns Mahlzeiten an mit gebratenem Truthahn, gefüllten Austern, Artischocken und Salat aus zarten Alligator Pears, sie schickten uns Blumen, schrieben über uns in ihren Zeitungen, zwangen uns, süssen, starken Maiswhiskey zu trinken, und verbargen keinen Augenblick das Misstrauen, das sie gegen uns hegten – weniger gegen mich, die Ausländerin, als gegen meine amerikanische Kollegin, weil sie aus dem Norden stammte, ein »Yankee« war. Sie sprachen vom verlorenen Bürgerkrieg wie von gestrigen Tagesereignissen, vom Familiensilber, der kostbaren Genfer Uhr und den dreihundert Sklaven, die General Sherman ihnen geraubt hatte, als er mit seinen Unionstruppen durch Georgia marschierte, von der Abdankung des noblen Generals Robert E. Lee, der ein Gentleman war vom Scheitel bis zur Sohle und an den kein echter »Südländer« denken kann, ohne dass Tränen der Rührung seine Augen füllen – vom »Krieg« sprachen sie, der ihr Vermögen ruiniert und die Blüte des Südens gebrochen habe, für immer.

Wir denken daran, als wir auf der schnurgeraden Landstrasse zwischen den herbstlichen Baumwollfeldern hindurchfahren. »Der Bürgerkrieg ist an allem schuld« – damit trösten sich heute noch die Aristokraten des Baumwollgürtels, damit rechtfertigen sie den Zustand hoffnungsloser Degeneration, in dem sich ihr Land und seine Bevölkerung befinden. Aber diese Rechtfertigung hat ihren tragischen Schimmer eingebüsst, seitdem die grosse Krise Amerika heimsuchte und in ihrem Verlauf die wahren Ursachen aufgedeckt wurden, die den Süden zu einem sozial und wirtschaftlich verseuchten Land gemacht haben. »Der Krieg«, so wollte es die Legende, »hatte die Aufhebung der Sklaverei zur Folge, der Norden hat die Pflanzerstaaten des Südens ihres Betriebskapitals beraubt und hat damit das Baumwollsystem, seine eigentliche Reichtumsquelle, ruiniert.«

Aber was hat sich denn so gründlich verändert nach dem verlorenen Krieg? Vermögen wurden eingebüsst und wechselten die Hand. Die Sklaven waren »befreit« und wurden alsbald gezwungen, »freiwillig« einen Kontrakt mit ihren Herren einzugehen, der eine neue, keineswegs mildere Form von Sklaverei bedeutete. Dieser Kontrakt hiess »Sharecropping« – »Ernteteilen« – und half das Plantagensystem festigen, das den Landherren grosse Profite eintrug, solange die Baumwolle auf ausländischen und inländischen Märkten verkauft werden konnte. Im Zeichen der Baumwolle wurden Wälder abgeholzt, die Hügel ihres natürlichen Schutzes gegen Erosion beraubt, die Felder Überschwemmungen preisgegeben und durch einseitigen Raubbau erschöpft. Die Baumwolle bedeutete Profit, darum durfte kein Stückchen des Bodens mit Getreide oder Gemüse bepflanzt werden, und die »Sharecroppers«, die Baumwollpflücker, wurden gezwungen, sich von Molasse, Mais und Schweinefett zu ernähren, selbst wenn diese Diät ganze Epidemien von Pellagra, einer skorbutähnlichen Seuche, zur Folge hatte. Bis zur Erntezeit lebte der »Sharecropper« vom Kredit des Pflanzers, er bezog seine Waren im Laden des Pflanzers, sein Maultier, sein Gerät, seine Hütte gehörte dem Pflanzer – und bei der Abrechnung stellte es sich heraus, dass er beim Pflanzer verschuldet war, von Ernte zu Ernte, von Generation zu Generation. In Alabama sind 26 Prozent der Neger Analphabeten, in Mississippi 23 Prozent, in South Carolina 27 Prozent. In Alabama sind zwei von fünf Einwohnern Neger, in Mississippi gibt es über 50 Prozent, in South Carolina fast 50 Prozent. Je mehr Schwarze, um so mehr Analphabeten, um so mehr Verseuchte, um so mehr Verbrecher. Je mehr Neger, um so mehr Lynchmorde an Negern, um so mehr Macht dem Ku-Klux-Klan, der mit terroristischen Methoden die Schwarzen in Schrecken und Abhängigkeit hält.

Die Statistiken sprechen eine deutliche Sprache; das »Plantagensystem« ist ein Instrument, um dem Weissen die unbedingte Vorherrschaft zu sichern, um ihn zu schützen vor der schwarzen Rasse, vor der er sich fürchtet. Die Resultate sind beruhigend: mit Fug und Recht können die weissen Herren behaupten, der Neger sei unzuverlässig, faul, unselbständig, ungebildet und verseucht. Aber das Land hat in diesem Rassenkampf einen teuren Preis bezahlt. Nicht nur die Neger wurden besiegt – zu ihnen gesellten sich, bald nach dem Bürgerkrieg, Weisse, Angelsachsen, die als Baumwollproletariat den gleichen Pachtvertrag des »Sharecropping« eingehen mussten und, in den Schlingen dieses Systems gefangen, auf die Stufe des Negers sanken. Die »armen Weissen«, der »weisse Abschaum« – sie sind arm, unzuverlässig, faul, unselbständig, ungebildet und verseucht. Sie verachten den Neger, das ist ihr einziges Vorrecht, sie verüben die Lynchmorde, angeführt von Sheriffs, weissen

Aufsehern, Verwaltern der Plantage, geschützt vom »System« und von der Polizei. Sie werden ausgespielt gegen den Neger, der Neger gegen sie, in diesem »Rassenkampf«, der in Wahrheit längst ein Kampf der Klassen geworden ist.

Im Schatten solcher Zustände degeneriert das Land, das einmal von Reichtum überfloss und eine eigene, eigenartige, ländlich-schlichte Kultur besass. Die heutigen Konservativen nennen sie »Antebellum« – Vorkriegskultur. Sie sprechen von den vergangenen glücklichen Zeiten, als die Sklaven noch gutmütige und treue Diener waren und der König von England jenseits des Ozeans leichter zu handhaben war als heute der Kreditherr, die Bank, die Versicherungsgesellschaft »an der Türschwelle«. Sie sprechen immer von der glanzvollen Vergangenheit, selten von der unsicheren Zukunft und wollen den revolutionären Wind von heute nicht spüren. [...]

Fabrikschlote und feine Leute in Georgia

Im Sommer, als wir in einem baufälligen Chryslerwagen, Zelt, Proviant und eine Kiste Bier auf die Kotflügel geschnürt, in den schwedischen Wäldern umherfuhren, gerieten wir einmal unvermutet an den Förderturm einer stattlichen Erzgrube. Wir hatten keinerlei Empfehlungsschreiben und sahen aus wie Landstreicher, aber wir hatten »Das Bergwerk von Falun« gelesen und wollten darum ums Leben gern in den Schacht einfahren. Gesagt, getan. Ein Viertelstündchen später stapften wir hinter dem Lämpchen eines freundlichen alten Bergknappen durch die glitzernde Finsternis der verschlungenen Erzgänge. In Russland wurde es mir manchmal lästig, wenn junge Ingenieure mich mit unermüdlichem Enthusiasmus durch neue Fabriken führten, mir die Schönheit von Stahl und Beton erklärten und mich auf die zukunftsfrohe Grösse ihrer industriellen Landschaft hinwiesen. Im nördlichen Maine, an der Grenze Kanadas, wo die Prohibition aus hochpolitischen Gründen nicht abgeschafft werden kann, besorgte mir einmal ein französisch-kanadischer Arbeiter eine Flasche Whiskey und forderte dafür, dass ich ihn zur Nachtschicht in die Papierfabrik begleiten und die Maschine besichtigen müsse, die er liebevoll pflegte und bediente. Da ich weder ein Japaner noch ein Experte für Kriegsindustrie bin, habe ich mich bisher stets mit naiver Aufrichtigkeit für Fabrikbetriebe interessiert, wie für andere Dinge, die im Leben unserer Zeit eine gewisse Rolle spielen. Aber im amerikanischen Südstaat Georgia wurde ich eines Besseren belehrt. Ich war Gast einer kleinen Stadt von etwa 50 000 Einwohnern – oder vielmehr Gast der feinen Leute, die diese Stadt regieren, und mich denn auch ehrenwörtlich verpflichteten, den Namen der Stadt nicht zu nennen, falls ich überhaupt die verdächtige Absicht haben sollte, über sie, ihre Kultur und Lebensart oder gar über ihre Fabriken zu schreiben. Ich musste drei Tage »südlicher Gastfreundschaft« über mich ergehen lassen, bis ich den Wunsch zu äussern wagte, eine lokale Baumwollweberei zu besichtigen. Ich musste mich für vielerlei interessieren, – für »Antebellum«, das ist Vor-Bürgerkriegs-Kultur, Vor-Bürgerkriegs-Häuser und Familiengeschichte, für den Säbel von General Lee, die Memoiren des treuen Sklaven Aeneas, und die Kamelien, welche die silberhaarige Mrs. McLear in ihrem Garten zog, – bevor ich zugeben durfte, dass ich mich auch für die Textilfabriken, Coca-Cola-Werke, und Arbeitersiedlungen der Stadt interessierte. Diese Stadt war eines der wenigen Industriezentren im Baumwollstaat Georgia; es gab hier alte »Baumwoll-Mühlen«, die dank äusserst niedriger Löhne erfolgreich mit den Textilfabriken Neuenglands konkurrierten. Neuerdings lockten ebendiese Löhne das Kapital aus dem Norden an, die Coca-Werke und die Fabrik für Baumwollgin-Maschinen hatten sich erfolgreich etabliert, – die Töchter der alten, verarmten Pflanzer-Aristokratie heirateten die Söhne des »Erbfeinds«, die jungen Yankee-Kapitalisten, und alles stand zum besten. Mit den Baumwollplantagen allerdings ging es zu Ende, und darum auch mit dem vortrefflichen System, das man »Plantagen-Ordnung« nennt, und das seit dem Bürgerkrieg und der Aufhebung der Sklaverei die Baumwollpflücker – Neger und »Arme Weisse« – in einem

Zustand nützlicher Abhängigkeit erhalten hat. Um so wichtiger war die Industrie, um so glücklicher war man, dass man dem Kapital aus dem Norden günstige Bedingungen, billige Arbeitskräfte, und ein unverdorbenes, politisch ahnungsloses, ökonomisch anspruchsloses Proletariat zu bieten hatte. Und um so berechtigter war die Erbitterung, mit der man die Volksverderber bekämpfte, die Gewerkschafter des »Komitees für Industrielle Organisation«, die gleichzeitig mit den Unternehmern aus den Nordstaaten gekommen waren, Organisation des Proletariats predigten, und die stille Zufriedenheit des kleinen Mannes im Fabrikdorf und auf der Plantage störten – und in so gefährlichen Tendenzen auch noch unterstützt wurden von einer Regierung, die von »besserer Güterverteilung« faselte, um ihre unbefugte Einmischung in die ökonomische Autokratie einer durch Besitz legitimierten Minorität zu rechtfertigen.

Zum ersten Male seit siebzig Jahren, seit der unvergessenen Niederlage im Bürgerkrieg, fühlten sich die feinen Leute im Süden einig mit den Geldaristokraten im Norden.

Die Pflanzer, einst besiegt von entstandenen Eisenbahnkönigen und Stahlmagnaten, fanden sich jetzt in der gleichen Front mit du Pont und Henry Ford – und Henry Ford eröffnete eine Automobilfabrik in Memphis, Tennessee. Einst hatte der Norden, mit seinen jungen Industrien, seinen individualistischen Idealen, seiner Moral des freien Mannes und des Stärkeren, einen Krieg geführt und gewonnen unter der Losung der »Sklavenbefreiung«. Jetzt war es recht und billig, wenn Kapital und Industrien in den Süden abwanderten, wo die »Sklavenpsychologie« lebendig geblieben war und allerhand greifbare Vorteile bot.

»Wir haben die besten und modernsten Methoden, um Arbeitskräfte zu sparen und mehr und billiger produzieren zu können«, erklärte mir Mister [William Clark] Bradley, Besitzer mehrerer Baumwollwebereien, Teilhaber von Coca-Cola, Industriekönig des Städtchens [Columbus], dessen ich Gast war, »wir haben sogenannte Systeme zur ›Leistungssteigerung‹ eingeführt, wie das Bedaux-System. Es erlaubt uns, die Leistung eines Arbeiters pro Minute mathematisch zu berechnen, Minuten-Einheiten von 60 ›Bedaux-Punkten‹ festzusetzen, und diese Einheiten oder Quoten bis auf die Höchstgrenze menschlicher Leistungsfähigkeit zu steigern. Trotzdem«, fügte er hinzu, »trotzdem sehen wir heute einer neuen Krise entgegen oder befinden uns schon mittendrin. Die Lagerhäuser sind voll dank unserer raschen und effektiven Produktion – und die Aufträge bleiben aus. Ich werde diesen Winter schliessen müssen.« – »Aber warum arbeiten dann alle Fabriken Tag und Nacht und wenden Bedaux-Systeme an?« frage ich mit der unbefangenen Naivität des Ausländers. »Wegen der Konkurrenz«, antwortete würdig der König von … (Ich pflege meine Versprechen zu halten.)« – »Und was wird aus den Arbeitern?« Ich wusste, dass meine Frage unpassend war. Der König antwortete: »Man wird ihnen Unterstützungen auszahlen und uns dafür mit Steuern ruinieren, – so geht es heute zu.« – Prosperität, Konkurrenz, Sparen an Arbeitskraft, Systeme der Leistungssteigerung, effektvollere, raschere Produktion, volle Lagerhäuser, mangelnde Nachfrage, Preissturz, neue Krise … ich wollte fragen, ob nicht am Ende etwas faul sei in diesem offenbar fatalen Kreislauf, – aber die Dame, die mich begleitet hatte, zupfte mich am Ärmel, und wir verabschiedeten uns.

Draussen auf dem Korridor flüsterte sie mir zu: »Ist er nicht ein wundervoller Mann? Ich bin so glücklich, dass Sie John kennenlernen durften. Sie hätten sonst nicht den richtigen Eindruck gehabt von unserer Stadt. Aber die Frage wegen der Arbeiter hätten Sie nicht stellen dürfen. Er hat so viel Ärger damit. Die Leute sollten froh sein, dass man ihnen überhaupt etwas zu verdienen gibt in solchen Zeiten. Aber sie werden verdorben durch die Unterstützungen!« – »Wieviel Millionen Arbeitslose gibt es in den U. S.?« Die Dame überhörte taktvoll meine Frage. Sie war Präsidentin der »Töchter der Revolution« und des »Demokratischen Wohlfahrtsverbandes«. Mitglied der »Georgia-Patriotinnen« und der »Kolonialen Damen«. Ihr Mann war städtischer Richter, ihr Bruder Polizeipräsident, ihr Schwager Vorstand des Strassen- und Gesundheitswesens. Ihr Onkel, früher Senator, nahm als rüstiger Siebziger die Stelle des Familienoberhauptes ein, als Nachfolger ihres seligen Vaters, der als Hauptmann im Bürgerkrieg gekämpft hatte. Ich hatte die Chronik auswendig gelernt, während der letzten drei Tage. Aus ihr und der ähnlichen Chronik von sieben anderen verschwägerten Familien ergab sich ein lückenloses Netz, das die Stadt und die Plantagen und Fabrikdörfer des zugehörigen »County« umspannte: lückenlos verwoben waren die Fäden von Politik und Verwaltung, Gesetzgebung und Polizeimacht, Gesellschaftsleben und sozialer Ordnung, Handel und Industrie, Gefängnis-, Gerichts-, Post-, Zeitungs- und Wohlfahrtswesen. Die Fäden endeten im Räderwerk der politischen Maschine des Staates Georgia. Ich begriff jetzt, warum die Grenze zwischen den Machtbereichen der Einzelstaaten und der Bundesregierung in Washington im

Süden das »grösste amerikanische Problem« genannt wird. Für sieben verschwägerte Familien in jeder Stadt des Südens war dieses Problem lebenswichtig. Wie aber stand es um den bescheidenen Rest der 50 000 Einwohner? – Die »feinen Leute«, meine Gastgeber, pflegten von den Arbeitern der Fabriksiedlungen am Rande der Stadt, von ihren Mitbürgern und demokratischen Nachbarn zu reden wie von einer anderen Menschengattung. »Hände« nannte man sie, weil nur ihre Arbeitskraft zählte, und man gab unbekümmert zu, dass ein Fabrikdorf den Charakter eines Ghettos habe. Als ich am frühen Morgen des vierten Tages von zwei Damen und einem jungen Rechtsanwalt zur Baumwollspinnerei eskortiert wurde, und wir durch die schmutzigen, von düsteren Holzbaracken gesäumten Strassen des Fabrikdorfes fuhren, erklärten sie mir: »Wer sich hier erst einmal niederlässt, kommt so leicht nicht mehr heraus. Der Sohn eines Webers wird ein Weber, und das ist gut so. Diese Leute können ja nicht einmal mit Geld umgehen, fast alle leben über ihre Verhältnisse und geraten in Schulden. Daher hat die Gesellschaft im Fabrikdorf ihren eigenen Laden, wo die Arbeiter gegen Gutscheine alles beziehen können, was sie brauchen. Der Kredit wird ihnen dann vom Wochenlohn abgezogen, ebenso wie die Miete für ihre Wohnungen. Kürzlich hat ein hergelaufener Journalist [Walter Davenport] darüber einen Artikel geschrieben und von einem ›Sklavensystem‹ geredet, weil die Leute wenig oder keinen Barlohn bekommen. Aber sie brauchen kein Bargeld, – was würden sie schon damit anfangen? Bestenfalls würden sie es vertrinken. Nein, wir wissen am besten, wie man mit diesen Leuten umgehen muss. Wir sorgen schon für sie.«

Dann waren wir am riesigen Backstein-Tor der Fabrik angelangt. Zwei Privatpolizisten mit Revolvern und Gummiknüppeln besichtigten unsere »Besuchskarten« und liessen den Wagen einfahren. Ich nahm heimlich die Orchidee aus dem Knopfloch, die mir der ritterliche Rechtsanwalt überreicht hatte. Ich fühlte mich nicht behaglich und fand den Anlass nicht passend für Orchideen. Während wir durch die niedrigen, dunklen Websäle gingen, fiel mir der Titel eines Artikels ein, den ich in einer Gewerkschaftszeitung gelesen hatte: »Es gibt Fabriken und Fabriken.« Dieses war eine alte Fabrik, gewiss. Die Luft musste heiss sein und feucht, um die Fäden auf den Webstühlen geschmeidig zu erhalten. Wolken von Staub und wirbelnden Baumwollfasern waren nicht zu vermeiden, aber in besseren Fabriken installierte man Luftreiniger, die einen Teil der Fasern aufsaugen. Selbst das berüchtigte »Bedaux-System« konnte so und auch anders gehandhabt werden. Hier, erklärte man mir, bewährte sich das System glänzend. Früher hatte ein Weber zwischen zwölf und zwanzig Webstühle kontrolliert, jetzt waren es vierzig. Ich beobachtete ein Mädchen, das in einem Spinnsaal Spulen auswechselte. Ihre Arme kreuzten sich, die Hände flogen hin und her mit bewundernswerter Geschwindigkeit und Regelmässigkeit. Aber der gleichzeitig starre und gehetzte Blick ihrer Augen in einem mageren, früh gealterten, schweissüberströmten Gesicht war der einer »anderen Menschengattung«. Sie arbeitete elf Stunden täglich. Wenn sie mehr arbeitete, als es die 60 »Bedaux-Punkte« ihrer Quote pro Minute vorschrieben, erhielt sie eine Prämie. Von ihrer Prämie erhielt der Saalaufseher 25 Prozent. »Und diese Mädchen sind die Mütter unserer nächsten Generation«, hatte mir eine Fürsorgerin der Textilarbeitergewerkschaft gesagt, in Birmingham, wo ich nicht Gast der »feinen Leute«, sondern frei gewesen war, mit der »anderen Menschengattung« zu verkehren. Im nächsten Saal wurden Handtücher gewoben, gelbe, hellblaue und grüne Frottiertücher mit einem Randmuster und dem Namen des grössten Hotels der Stadt. Durch die Milchglasscheibe eines Fensters fiel ein Sonnenstrahl schräg in den Raum, augenblicklich verwandelt in eine wirbelnde Staubsäule. Meine Begleiterin lüftete einen Augenblick das Taschentüchlein, das sie zum Schutz gegen die Baumwollfasern gegen Mund und Nase gepresst hielt, und versuchte, den Lärm der Webstühle mit ihrer gebrechlichen Stimme zu überschreien. »Sehen Sie, wie sonnig diese Räume sind«, sagte sie, »muss es nicht hübsch sein, hier zu arbeiten, mit all den bunten Fäden und Stoffen?«

Genau diese Worte brauchte sie, ich hatte mich nicht geirrt. Ja, meine gastfreundlichen Begleiter hatten etwas von der zynischen oder naiven Sicherheit eingebüsst, die sie auf dem trostlosen Schauplatz des Fabrikdorfs noch an den Tag gelegt hatten. Sie schienen jetzt zu fürchten, es sei vielleicht doch ein Fehler gewesen, mir den Besuch einer ihrer Fabriken zu erlauben. Sie mahnten zur Eile, schenkten mir zum Abschluss im Packraum ein halbes Dutzend Waschläppchen, die als Weihnachtsgabe frisiert und mit Silberband umschnürt waren, und atmeten auf, als wir in geschlossener Limousine an den Privatpolizisten vorbei zum Tor hinausfuhren. Der Rechtsanwalt steckte sich eine Zigarre an. »Vor ein paar Monaten war die Arbeitsministerin [Frances] Perkins bei uns«, sagte er, »sie hat sich sehr schlecht benommen. Wir empfingen sie gastfreundlich, sie wohnte bei meiner Tante, ich führte sie persönlich durch die Fabriken. Und wissen Sie, wie sie uns das alles dankte? Sie schrieb einen Artikel über die Arbeitsbedingungen in Georgia!« – »Sie meinen, Miss Perkins schrieb Unwahrheiten, Unexaktheiten?« fragte ich vorsichtig. – »Aber keineswegs«, antwortete der Rechtsanwalt, »ich muss sogar zugeben, sie versteht ihr Metier. Aber was gehen Miss Perkins unsere Arbeitsbedingungen an?« – Da ich es vorzog zu schweigen, und mich über nichts mehr zu wundern, plauderte eine der Damen lustig: »Die Arbeitsministerin behauptete, die Arbeiter in Georgia hätten keine Schuhe. Seither ziehen unsere jungen Leute bei den feinsten Gesellschaften plötzlich ihre Lackschuhe aus und tanzen barfuss eine Runde. Wir nennen das den ›Perkins-Tanz‹!«

Lumberton
Notizen

Myles Horton gab uns einen Brief an Roy Lawrence, TWOC-[»Textile Workers Organizing Committee«-]Administrator für North und South Carolina, Hauptquartier in Charlotte, North Carolina (1204 Independence Bld.)

L. schickt uns nach Lumberton, das »Little Harlan« von North Carolina.

Mehrere TWOC-Organizers wurden im Frühjahr aus der Stadt gejagt, ein Auto vor dem Hotel zusammengefahren, ohne dass die Polizei eingriff. Nägel in den Pneus der Gewerkschafts-Organisatoren. Arbeiter, die dem TWOC beitraten, wurden von der Fabrik (Jennings, Cotton) entlassen. Fall kam durch Vermittlung der »Civil Liberties League« [eigtl. des »Civil Liberties Committee«] vor »National Labor Relations Board« (NLRB), Entscheidung: entlassene TWOC-Mitglieder mussten wieder eingestellt werden, einige erhielten Bezahlung des rückständigen Lohns.

Erster erfolgreicher Organizer war Myles Horton, seine Nachfolger sind Brewer und Strickland. Lawrence rät uns, in East Lumberton (es gibt auch North L.) in den Laden von Haynes zu gehen, den Treffpunkt der Gewerkschafter, ferner nach John Pate zu fragen (TWOC-Organizer). Ferner Kennedy Duncan, Julius Fry.

Wenn wir wollen, können wir auch den General Supervisor der Fabriken sehen, Mr. O.G. Morehead. Lawrence kennt ihn gut.

Wir bekamen von L. einen Brief an die Leute und fuhren Samstag [eigtl. Sonntag] früh, 21. November, nach Lumberton. Kalter Tag.

Auszug aus dem »Industrial Leader«, 1. Juni 37: »For the first time in history the workers of Lumberton will reach a high percent of organisation.

There was an outbreak of violence at Mansfield Mill village at East Lumberton a few weeks ago, at which a number of discriminatory discharge cases were filled against the management. There is to be a hearing upon the case by the NLRB. The mills have been working approximately 55–60 hours per week, it has been announced that they intend to operate hereafter on the basis of 40 hours a week.«

Im November, als wir in L. waren, standen die Verhandlungen über einen Arbeitsvertrag kurz vor dem Abschluss.

Wir fragten, nachdem wir das Städtchen L. hinter uns hatten, zweimal nach East Lumberton. Wir waren durchgefahren, ohne es zu bemerken. Wer konnte ahnen, dass am Ende eines feuchten, löcherigen Feldwegs ein ganzes Dorf von mehreren hundert Einwohnern liegen würde, aber es ist kein gewöhnliches Dorf, sondern ein »Mill village« …

In Haynes' Store, einer kleinen Backsteinkabine an der »Strasse«, mit Löchern von Gewehrschüssen aus der Streikzeit, war Haynes' Sohn anwesend. Der Vater, ein freier »Unternehmer«, war in der Garage. Als wir um Kaffee baten, es war bitter kalt, sagte der Junge, seine kleine Schwester Mary könne uns zum Haus hinüberführen und uns Kaffee wärmen. Mary, dreizehn Jahre alt, ist sehr hübsch, hat wundervolle graugrüne Augen, spricht frei und ohne Verlegenheit, weiss Bescheid und will nicht in der Fabrik arbeiten, sprach von den Arbeitern als »den Leuten«, ihre Mutter arbeitet in der Fabrik, Vater hat verschiedene »Unternehmungen«, Garage, Laden, früher einen Frisierladen.

Wir erreichten das Haus. Auf der »Porch« (Terrasse) ein alter Frisiersessel, wie sie in amerikanischen Barbershops gebräuchlich sind. Eine Wasserpumpe im Freien, durch die Tür gelangt man direkt in die Küche, wo ausserdem ein eisernes Bettgestell für die Kinder steht. Die ältere Schwester von Mary, etwa vierundzwanzig, mager, mit bekümmertem Ausdruck, aber zweifellos schön, mit den gleichen grossen, sehr schönen Tieraugen. Ihre zwei Babys kriechen auf dem Boden umher, unbeschreiblich schmutzige, elend aussehende kleine Geschöpfe. »Wir konnten noch nicht reine machen«, die Schwester sagt, was fast jeder Bewohner solcher Häuser sagt. In Wirklichkeit *kann* man solche Wohnungen nicht sauberhalten. Sie macht sofort Kaffee für uns, Mary führt uns inzwischen in das »Esszimmer«. Ein langer Tisch – die Familie besteht aus Eltern, acht Kindern, zwei Enkelkindern, auf dem Tisch stehen Speisen, kalt. Es sah aus, als würde nie abgeräumt und das Essen stünde immer da, für den Fall, dass jemand Hunger hat. Aber die Platten sahen ekelerregend aus: eine Schüssel kalter Saubohnen, eine andere mit einem Stück weissen wabbeligen Schweinefetts in seinem scheusslichen Saft, etwas kaltes, geschmolzenes und wieder steif gewordenes Fett. Dann brachte uns das Mädchen Kaffee, der wie Spülwasser schmeckte, aber die Kinder hatten eine nette und gastfreundliche Art, uns zu servieren, zu unterhalten.

Draussen zwei der Buben, in dünnen Overalls, trotz der Kälte; beide sehr schön. Offenbar war Mutter Haynes eine Schönheit.

Das waren die relativ »reichen« Leute von Lumberton …

Wir gingen zum Laden zurück, ein Junge, offenbar Halbindianer, führte uns zu John Pates Haus. Der Junge war von auswärts, arbeitete seit sechs Wochen nicht mehr, sagte, mit dem »Stretch-out« und den Lohnkürzungen und nur drei Tagen Arbeit per Woche lohne es sich nicht, und das »Stretchen« könne man auf die Dauer nicht aushalten. »Wozu sich abmühen«, sagte er. Er war CIO-[»Committee for Industrial Organization«-]Member, das gab ihm offenbar eine vage Hoffnung, dass er nicht einfach zugrunde gehen werde.

John Pate und seine Frau, beide jung, intelligent, sassen schon im Auto. Sie hatten eine Verabredung (es war Samstag nachmittag), versprachen, uns abends bei Haynes zu treffen, offenbar Treffpunkt. Nahmen uns mit zu Mrs. Jacobs.

Mrs. Jacobs verdient fünfeinhalb Dollar wöchentlich, ernährt damit ihren gichtkranken Mann und acht (oder neun?) Kinder. Hat zwanzig Jahre in der Fabrik gearbeitet, kann nicht über fünfunddreissig Jahre alt sein, war einmal hübsch, hat einen müden, gleichsam apologetischen Ausdruck. Das älteste Mädchen, elf, trägt Hosen, am Fussgelenk mit Schnüren zusammengebunden, ein zerrissenes Filzmäntelchen, hat einen viel härteren und abgebrühteren Gesichtsausdruck als die Mutter. Das Haus ist kein »Company house«. Baracke, ungestrichen, auf vier Pfosten aus Backstein, ein paar Bretterstufen zur Tür, ein einziges Fenster, ein anderes zugenagelt. Auf der Rückseite etwas Holz, leere Konservenbüchsen (typisch), Abfall, Schmutz. Das Klosett im Freien, ebenso die Wasserpumpe. Kein elektrisches Licht. Ringsum dürres Herbstgras. Zuerst kein

Lebenszeichen, und es schien unglaubhaft, dass dieses Skelett, diese Baracke, die ein Schweizer Bauer nicht einmal als Viehstall verwenden würde, von Menschen bewohnt ist.

Pate klopfte an. Frau Jacobs öffnete, unter ihren Armen schoss ein halbes Dutzend Kinder, in sonderbaren Fetzen, mit strubbligem Haar, hervor. Alles Mädchen. Während Mrs. Jacobs mit uns redete, kauerten sie sich auf der Treppe zusammen, machten freche Bemerkungen, die die Mutter in Verlegenheit setzten, liessen sich aber geduldig photographieren. Mrs. Jacobs antwortete auf alle Fragen, aber es schien ihr Mühe zu machen, sie dachte nach – offenbar hatte sie nie über ihr Leben, über ihren Lebensstandard, über den Zusammenhang zwischen ihrer Misere und dem ganzen East-Lumberton-Problem nachgedacht. Sie beklagte sich nicht. Schien nicht zu wissen, dass sie und ihre Kinder verurteilt waren, wie Tiere zu vegetieren – und warum.

Sie ist beim »Company store« verschuldet, bezieht ihren Lohn daher nicht in bar, sondern in Gutscheinen für den Laden, wo die Waren teurer sind als bei Haynes oder in einem anderen privaten Geschäft. Sie weiss nicht, wieviel Schulden oder Guthaben sie hat. Auch das Brennmaterial erhält sie von der Company, nicht viel, und es wird nicht viel geheizt bei Jacobs.

Als Barbara [Wright] sie fragt, was man im »Company store« kaufen könne, sagt sie ohne jede Ironie: »So ziemlich alles, scheint mir, wenn man das richtige Geld verdient.« Warum sie nicht in einem »Company house« (die übrigens keineswegs besser sind, wie wir später feststellten) wohne? »Es wäre zu teuer. Für dieses Haus zahle ich vier Dollar im Monat, und wir können alle darin wohnen.« Ihre leeren Lohn-Couverts schienen sie nicht zu schockieren. »Es gibt Leute hier im Dorf, die seit drei Jahren (sie sagte sogar: zehn) kein Bargeld bekommen haben.«

Wir machten Photos, es war peinlich, diesen Haufen Elend als »Sujet« zu benützen. Aber Pate sagte zu Mrs. J.: »They do it for the right purpose, it's going to help.« »Dokumentar-Photographie« nennt man das, Realität, Beweis – aber wie, wenn die Leute selbst ihre Lage nicht realisieren?

Der Junge führte uns dann zu Julian. Er bewohnt mit seiner jungen Frau ein »besseres«, der Company gehörendes Haus. Wir reden zuerst draussen, am Rand der staubigen, von Abfallhaufen gesäumten »Strasse«, aber es ist zu kalt, und Julian lädt uns in sein Haus ein. Die Frau, ein hübsches Mädchen mit bösem Gesichtsausdruck, geschminkt, ein »unartiges«, aufsässiges Kind, ist stolz auf ihre saubere Küche, kann es sich aber nicht entgehen lassen, uns bitter auf die ungestrichenen feuchten Wände, das Loch in der Decke aufmerksam zu machen. Julian, gescheit und sympathisch, bestätigt es: »Die Company ist verpflichtet, die Häuser instand zu halten, manchmal wird da und dort ein Haus gestrichen, ein Loch gestopft. Aber ohne System. Während des Streiks traten die Maler mit uns in Streik – und wurden entlassen. Seither werden keine Häuser mehr gestrichen. Das war im Mai. Und auf den Winter wäre es bitter nötig, die Häuser etwas zu verbessern ...«

Er schürt das Feuer im Küchenherd, wir sitzen herum und reden.

»Wir arbeiten etwa doppelt soviel, als es vor zehn Jahren üblich war. Die Maschinen und die produzierten Waren – hauptsächlich Stoff für Hemden, weiss – haben sich nicht geändert. Nur die Arbeit; durch wiederholtes ›Stretch-out‹. Gleichzeitig wurden die Löhne gekürzt. ›Stretch-out‹ – das bedeutet mehr Arbeit und weniger Bezahlung. Schliesslich gab man den Frauen so viel Arbeit, dass sie es allein nicht mehr schaffen konnten. Um nicht entlassen zu werden, brachten sie ihre Kinder in die Fabrik, um zu helfen. Nur um die Stelle nicht zu verlieren. Jetzt ist eine Aufschrift am Fabriktor: ›Kinder unter vierzehn Jahren nicht zugelassen.‹ Das Arbeitsgesetz des Staates (North Carolina) vom Juli 37 sagt, ›unter sechzehn …‹«

Wir sahen die Aufschrift am nächsten Tag.

»Nein, wir haben hier kein Bedaux-System. Das ›Stretch-out‹ ist billiger und führt gleich weit. Sie könnten nicht weiter gehen …«

Ein Mädchen, das bei Julians Frau zu Besuch ist: »Ich fülle sechzig Batterien. Jede Batterie hat vierundzwanzig Spulen. Eine Spule läuft in sechs Minuten ab. In sechs Minuten muss ich also sechzig mal vierundzwanzig Spulen füllen« (1440 : 6 macht 240 Spulen pro Minute, vier pro Sekunde).

Julians Frau, kollegial: »Ich arbeite erst seit einem Jahr. Habe die gleiche Arbeit und bringe es nicht fertig, sechzig Batterien zu füllen.«

Ein Junge, Weber: »Viertausend Fäden auf einem Webstuhl. Für einen falsch geknüpften Faden werden wir mit fünfundzwanzig Cent gebüsst. Ich habe es gelernt, als ich eine Arbeit als Wischer bekam (Brushing-up job), ich sah meinem Vater zu, der ein guter Weber ist. Sie geben einem erst eine bezahlte Arbeit, wenn man gut ist. Die meisten brauchen ein Jahr, um zu lernen. Weber sind jetzt am besten bezahlt, Maximum fünfzehn Dollar wöchentlich, der Durchschnittslohn ist zwischen fünf und acht Dollar.«

Dann reden sie alle über das Thema »Hitze und Feuchtigkeit«.

»Sie sollten zur Fabrik kommen, wenn die Schicht zu Ende ist und die Leute ins Freie kommen. Sie sind nass zum Ausringen. Und draussen die Kälte.«

»Sie schliessen die Saaltüren während der Arbeit. Nicht mal Zeit, eine Zigarette zu rauchen. Lunchpause fünf Minuten, wenn man es sich leistet. Man isst neben der Maschine. Nachher, nach acht Stunden, könnte man schreien vor Müdigkeit. Und legt sich aufs Bett bis zur nächsten Schicht.«

»Reinemachen gehört zur Arbeit. Jetzt, mit dem ›Stretch-out‹, hat man dafür keine Zeit, muss eine halbe Stunde früher in die Fabrik kommen. Die halbe Stunde extra wird nicht bezahlt.«

»Sie lassen die Fabrik nur noch drei Tage wöchentlich laufen. Ich nehme an, sie lassen uns zu schnell arbeiten, haben nicht genug Absatz (›I guess they work us too fast for the market‹).«

Das TWOC hat etwa 95 Prozent der Arbeiter hier organisiert. Das heisst, sie haben Union-Mitgliedskarten unterschrieben. Aber sie erwarten zuviel, es geht nicht so schnell, wie sie glauben.

Der Arbeits-Vertrag mit Mansfield (Jennings) Mill sollte in vierzehn Tagen unterzeichnet werden. Das »Stretch-out« wird durch den Vertrag begrenzt, auf die Arbeitsleistung vom Oktober 37 festgesetzt. »No more stretch-out, we couldn't take it anyway, and there would be a strike, if they don't sign.«

Die Kinder schreien, stören, kriechen zwischen unseren Füssen herum. Julian schickt einen grösseren Buben mit dem kleinen Mädchen hinaus, gibt ihnen fünf Cent, um Candy zu kaufen. Nachher schreien sie wieder. Die Mutter wird plötzlich wütend, wirft das Kind hinaus.

Abends im Store von Haynes: Ein Weber, der seit dreissig Jahren in Baumwollfabriken arbeitet. Ein Maler, seine zwei Söhne. Zwei Buben von sechzehn Jahren, einer blond, hübsch, arbeitet seit drei Monaten in der Mühle, hat zehn Webstühle, verdient vier Dollar alle vierzehn Tage, ist stolz auf seinen Job, besonders weil der andere, ein High School Boy, ihn neckt. Zuletzt fragt er mich über den Krieg in Spanien. Er würde lieber in den Krieg gehen. Soldat sei ein guter Beruf, man bekomme die Kleider und das Essen.

Allgemeines über Lumberton (vom jungen Haynes und dem alten Weber etc.):

Lumberton (Stadt): zirka 4500 Einwohner.

East L. (Mill village): zirka 1500, wovon etwa 700 arbeiten.

In East L. drei Baumwollfabriken: Mansfield, Lumberton Cotton Mill, Dresden Mill.

In North L. ebenfalls Baumwollfabriken. Alle gehören Jennings.

Der Jennings Company gehört auch die Green Valley Dairy, die Milch verkauft. Der Laden, der der Company gehört, wird von einem gewissen Hardgraves geführt. Mrs. Hardgraves ist Principal der Schule von East L. (Principal ist eine Art Aufsichtsrat).

Der junge Haynes, der fünf Monate in der Fabrik war, meint, dass etwa die Hälfte der Arbeiter »leere Lohn-Couverts« beziehe, das heisst, die Company verrechne den Lohn gegen Miete, Kohle, Kredit im Store etc. »Die anderen sind ›frei‹«, sagt Haynes.

Der Maler ist immer noch arbeitslos, wurde »fired because of taking part in the strike«. Sagte: »Die zerbrochenen Scheiben in den Fenstern kosten die Company viel Geld. Die Fenster bleiben geschlossen, die Leute werfen aus Verzweiflung Spulen durch die Scheiben, um einen Augenblick Luft zu schnappen. Sagen dann, die Spule sei zufällig beim Auswechseln gegen das Fenster gesprungen!«

Als wir den Laden verlassen, sagt uns Haynes, wir sollen Mrs. Blain aufsuchen, »sie war gut während des Streiks«. Die Leute im Laden lachen, es scheint, dass Mrs. Blain den Ruf einer streitbaren Gewerkschafterin hat. Der Weg zu ihrem Haus: keine Beleuchtung, tiefe Abfallgräben auf beiden Seiten, der Wagen rutscht auf dem Lehm, Löcher, Regen.

Mrs. Blains Haus: zuerst ein eiskaltes Zimmer, zwei Betten, Kinder schlafen, Radio zwischen den Betten aufgestellt, singt und lärmt mit voller Kraft. Dahinter die Küche, etwas erwärmt durch einen eisernen Ofen. Wände roh, unbemalt, Löcher. Eine einzige Schicht von dünnen Brettern.

Mrs. Blain ist blind auf einem Auge, barfuss, im Unterrock. Sagt, wir sollten sie entschuldigen. Sie lag im Bett, um den Kleinen zu wärmen, damit er schläft.

Sie erzählt uns über das letzte »Stretch-out«, das nach dem Mai-Juni-Streik vor etwa vier Wochen (Ende Oktober 37) stattfand, als der TWOC-Organizer, Brewer, abwesend war, krank in Charlotte. Die Company benützte die

Gelegenheit, bevor der Arbeitsvertrag unterzeichnet werden sollte.

Sie erklärt uns, was »Pick out hands«, »Smash hands«, »Battery fillers« sind. Ihr Mann ist ein »Smash hand« (»fixes the loom machinery when it stops because of broken thread«).

Nachtrag zum Gespräch abends in Haynes' Store:

»The trouble here is that it's so far back in the country. Overseers are born and bred here, so are the workers. They think it's the only place on earth, and things can't be different.« (Das gleiche sagt Mrs. Blain, die früher »auswärts« gearbeitet hat, in Alabama, und die Welt kennt ...)

Die erste Fabrik in East L. 1898 gegründet, eine zweite 1907, die letzte 1925 (letztere eine Weberei).

Am nächsten Morgen sehen wir, zusammen mit Pate, den Arbeiter, dessen Fall vor dem NLRB war, und der wieder eingestellt und dem der rückständige Lohn ausbezahlt wurde: Mr. Chester Manning. In seinem Haus – miserabel imstand, Löcher im Fussboden, dunkle Küche mit einem heissen Ofen, wo wir sitzen und uns wärmen – erzählt er in gescheiter, klarer Weise den ganzen »Fall«.

Wir fahren um zwei Uhr in die Stadt, essen etwas (Egg Sandwich and Coffee – das Menü seit zwei Tagen) und fahren ab nach Raleigh.

Streik in Lumberton

Unter den Plantagen-Staaten des »Baumwollgürtels« bildet North Carolina eine Ausnahme. Wohl gibt es auch hier grosse Baumwollplantagen, die Tabakproduktion nimmt den ersten Rang in der Reihe aller Staaten ein, daneben werden Mais, Weizen, Roggen, Kartoffeln und Obst geerntet – gleichzeitig aber ist North Carolina ein alter Industriestaat, mit riesigen Zigarettenfabriken in Raleigh und einer dicht mit Fabriken besäten Textilregion in der näheren und weiteren Umgebung von Charlotte. Die Baumwollindustrie von North Carolina steht nach der des Staates Massachusetts an zweiter Stelle. Die Zustände in den Fabrikdörfern erinnern lebhaft an die Beschreibungen englischer Industrieorte, wie wir sie aus den Romanen von Dickens kennen. Sie waren stillschweigend akzeptiert, bis, vor etwa zehn Jahren, mit den Industriellen aus dem Norden auch Organisatoren, Gewerkschafter, Arbeiterführer in die Südstaaten kamen. Im Frühjahr 1937 eröffnete der mächtigste Arbeiterführer Amerikas, John L. Lewis, eine »Kampagne« in den Textilzentren des Südens, die das Zeichen zur Eröffnung eines von beiden Seiten mit zäher Erbitterung geführten Kampfes gab. Am 31. Oktober 1937 fällte das »National Labor Relations Board« (Arbeits-Schiedsgericht) in Washington einen Entscheid zugunsten des »Komitees für die Organisation der Textilarbeiter« (TWOC [»Textile Workers Organizing Committee«]), das die Mansfield Mill, die grösste Baumwollfabrik von Lumberton, North Carolina, wegen Verletzung des »Wagner Labor Act« angeklagt hatte.

Kaum einen Monat später kamen meine amerikanische Kollegin und ich in unserem verstaubten Fordwagen in Lumberton an, einem gewöhnlichen amerikanischen Städtchen mit öder Main Street, ein paar Tankstellen, traurigen »Bars«, wo kein Alkohol verkauft und ausgeschenkt werden durfte, einem Kino und einer Reihe von Fabrikschloten, die sich am Rand dürftiger Wiesen am schwefelgelben Horizont erhoben. Als wir einen Polizisten nach dem Weg nach East Lumberton fragten, begegneten wir dem misstrauischen Blick, den wir schon gewohnt waren: Was haben halbwegs sauber gekleidete Leute, Mädchen auch noch, in einem Fabrikdorf zu suchen?

Zwei Fabrikdörfer gehören zu Lumberton, in East Lumberton allein leben ungefähr 1500 Menschen, und doch hätten wir diesen Ort schlechthin übersehen, wären wir nicht auf der Suche danach gewesen – so versteckt liegen die Bretterhütten der Arbeiter in der Niederung, so unscheinbar sind die schmutzigen und holperigen Wiesenpfade, die von der Landstrasse abzweigen … Und so verloren unter dem grossen und düsteren Himmel von North Carolina führen Hunderte von ähnlichen Siedlungen eine trübe, unbeachtete Existenz!

Myles Horton, der als erster TWOC-Organisator sieben Monate zuvor nach Lumberton gekommen war, hatte uns einen Brief an mehrere seiner Freunde mitgegeben und uns an den »Laden von Mister Haynes« verwiesen. Es gab nur zwei Läden in East Lumberton – einer davon, ein roher Backsteinbau neben der Mansfield-Spinnerei, gehörte der Gesellschaft; dort kauften, wie wir erfuhren, 75 Prozent aller Arbeiter ihre Waren gegen »Kredit«, der ihnen ohne detaillierte Abrechnung vom Wochenlohn abgezogen wurde. Man nannte sie kurzweg die »unfreien« Arbeiter, weil sie infolge dieses Kreditsystems von Woche zu Woche an die Fabrik verschuldet blieben und die Mehrzahl von ihnen überhaupt keinen Barlohn ausbezahlt bekam. Der andere Laden wurde von den »freien« Arbeitern frequentiert und diente den Gewerkschaftern als Treffpunkt und Versammlungslokal. Ein dürftiges Lokal – ein winziger Raum, genaugenommen, ein Hüttchen im hohen Riedgras am Weg, worin ein roher Ladentisch, ein paar Gestelle mit Konserven, Brotlaiben, Overalls, Schnürriemen, Tabak und ein eiserner Ofen gerade Platz fanden. Der Einschlag einer Gewehrkugel in der Aussenwand erinnerte an die Ereignisse des Frühjahres, als Myles Horton und Strickland als »rote Gewerkschafter« ihres Lebens nicht sicher waren, ihre Wagen zertrümmert wurden, die Häuser der Gewerkschaftsmitglieder Mannings und Frank Sutton beschossen wurden und der Bürgermeister von East Lumberton, begleitet von einigen ehrenwerten Persönlichkeiten und einem aufgewiegelten zweihundertköpfigen Mob, nachts bei Mannings erschien und ihm riet, aus der Gegend zu verschwinden, andernfalls man sein Haus anzünden und ihn mitsamt seinen Kindern ausräuchern würde wie Ratten in ihren Löchern.

Damals war der »Laden von Haynes« ein relativ sicherer Zufluchtsort gewesen, weil Haynes nicht, wie sonst jeder Einwohner des Fabrikdorfs, in einer der Jennings-Webereien und -Spinnereien arbeitete, sondern ein freier Mann war, dem die Privatpolizei der Gesellschaft nicht viel anhaben konnte. Dort, mit den Arbeitern am heissen Ofen sitzend, in stundenlangen Gesprächen mit ihnen, mit Mister Haynes hinter seinem Ladentisch, mit sechzehnjährigen Burschen, die schon zwei Jahre zuvor von sechs Uhr abends bis sechs Uhr morgens in der Fabrik gearbeitet hatten, mit Arbeitslosen, die seit dem Streik im Mai nicht wieder eingestellt worden waren, erfuhren wir die Geschichte von Lumberton, die wir später im Archiv des »National Labor Relations Board« Ereignis um Ereignis bestätigt fanden.

Anfangs Mai hatte der junge Myles Horton, ein gebildeter, freundlicher, massvoll denkender Mann, im Auftrag des TWOC mit der Organisierung der Arbeiter von Lumberton begonnen. Am 20. Mai telegraphierte er an das »Civil Liberties Committee«, dass man ihn und seinen Kollegen Strickland gewarnt habe, sie seien ihres Lebens nicht sicher, wenn sie die Gegend nicht sofort verliessen. Zwei Tage später traf ein Vertreter des genannten Komitees und des »National Labor Relations Board« in Lumberton ein, um eine Untersuchung einzuleiten, die aber, von der Fabrikdirektion und den lokalen Behörden sabotiert, erst am 11. Juni zur ersten Verhandlung führte.

Fast gleichzeitig, am 2. Juni, wurde ein Aufseher zu zehn Dollar Busse verurteilt, weil ein vierzehnjähriges Mädchen in seiner Abteilung in zwölfstündigen Nachtschichten gearbeitet hatte. Das Mädchen war seine Tochter. In derselben Verhandlung wurden zwei Oberaufseher freigesprochen, die den vierzehnjährigen John Floyd Boney elf Stunden täglich beschäftigt hatten, obwohl sein Alter auf seiner Arbeitskarte vermerkt war. Seither befindet sich an der Mansfield-Fabrik eine Aufschrift: »Kinder unter vierzehn Jahren werden nicht beschäftigt« – dies, obwohl das Arbeitsgesetz von

North Carolina die Altersgrenze für das Verbot von Kinderarbeit auf sechzehn Jahre festgesetzt hat.

Am 26. Mai hatten die Jennings-Baumwollfabriken von Lumberton die bisherigen Elf-Stunden-Schichten auf zwei Acht-Stunden-Schichten reduziert. Am 7. Juni traten etwa vierhundert Arbeiter in North Lumberton und bald darauf die Mehrheit der Arbeiter der Mansfield-Fabrik in East Lumberton in Streik, weil die Fabriken ein »Streck-aus« [»Stretch-out«] ankündigten, um den durch den Wechsel von der Elf-Stunden-Schicht zur Acht-Stunden-Schicht entstandenen Verlust auszugleichen.

Die Arbeiter, die mit der neuen, kürzeren Schicht etwa ein Drittel weniger verdienten, sollten ohne Lohnsteigerung »gestreckt« werden, das heisst grössere Arbeitsquoten zugewiesen bekommen. Da in den Webereien und Spinnereien von Lumberton mehrmals »gestreckt« worden war, war die Zumutung einer neuen Arbeitssteigerung äusserst hart. Während der folgenden Monate begannen viele Frauen, ihre Kinder in die Fabrik mitzunehmen, damit sie ihnen bei der Arbeit helfen sollten, weil sie fürchteten, sonst ihre Stellung zu verlieren. Diese Umgehung des Verbots der Kinderarbeit wurde von den lokalen Behörden nicht beachtet. Aber der Streik wuchs und wurde monatelang durchgehalten. Das »National Labor Relations Board« führte am 2. September eine zweite Verhandlung durch. Am 30. Oktober wurde die Entscheidung bekanntgegeben. Die Lumberton-Fabriken wurden der Verletzung des »Wagner Act« (des Wagner-Arbeitszeitgesetzes von 1935), der Einschüchterung und unberechtigten Entlassung von Arbeitern und der Gewalttat schuldig erklärt. Zehn der entlassenen Gewerkschafter, darunter Mannings, mussten wieder eingestellt, der rückständige Lohn ihnen ausbezahlt werden. Die Gewerkschaft des TWOC wurde anerkannt.

Dieser Entscheid des Washingtoner Schiedsgerichtes hat Verhandlungen zwischen dem TWOC und den Lumberton-Fabriken über einen Arbeitsvertrag veranlasst, der weitere »Streck-aus« und Lohnkürzungen verunmöglichen würde. Aber als wir in Lumberton im Laden von Haynes sassen, war der Vertrag noch nicht unterzeichnet, und die neue Krise der Textilindustrie kündigte einen harten Winter an. Die Fabriken liefen nur noch drei Tage wöchentlich. Die besten Weber verdienten noch fünfzehn Dollar, die meisten Arbeiter zwischen sechs und neun Dollar, viele Frauen und junge Leute noch weniger pro Woche. Ein drei Wochen zuvor durchgeführtes »Streck-aus« hatte mehr Leute arbeitslos gemacht. Ein Weber musste jetzt vierzig Webstühle übernehmen, wenn er seine Stelle behalten wollte. Für einen falsch geknüpften Faden wurde er mit fünfundzwanzig Cent (zirka einem Franken) gebüsst. Eine Frau füllte jetzt sechzig Batterien mit je vierundzwanzig Spulen, die in je sechs Minuten ablaufen – also 240 Spulen pro Minute. Mrs. Jacobs, Mutter von acht Kindern, die seit zwanzig Jahren in Lumberton-Fabriken arbeitete, verdiente noch fünfeinhalb Dollar wöchentlich, war an die Fabrik verschuldet, bekam seit über einem Jahr keinen Barlohn mehr, lebte mit den Kindern und ihrem kranken Mann in einer Zweizimmerhütte. In den meisten Häusern, die wir besuchten, konnte nur die Küche geheizt werden, fehlten Fensterscheiben, hatte der Fussboden faustgrosse Löcher. Die Häuser gehörten der Fabrikgesellschaft, die kein Geld übrig hatte, sie streichen und auch nur notdürftig herrichten zu lassen. Fliessendes Wasser gab es nicht, die Toiletten befanden sich ausserhalb der Häuser, das elektrische Licht wurde von der Gesellschaft beliebig an- oder meistens abgestellt.

Absoluter denn je schien die Jennings-Gesellschaft über »Leben und Eigentum« der Arbeiter von Lumberton zu verfügen. Man brauchte ihre Arbeitskraft nicht, und jeder Anlass war willkommen, um sie zu entlassen. »Ihr müsst das ›Streck-aus‹ auf euch nehmen, oder ihr könnt gehen und bleiben, wo ihr wollt«, hatte man den Arbeitern gesagt, noch bevor sie versuchten, gegen die neue Arbeitssteigerung zu protestieren, die ihnen nicht mehr Lohn einbrachte und viele unter ihnen brotlos machen würde. Nicht einmal die TWOC-Gewerkschaft hatte diesmal protestiert, die Not macht gefügig, und was nützt selbst das einzige Druckmittel, das der organisierten Arbeiterschaft zur Verfügung steht, der Streik, wenn die Aufträge mangeln und die Maschinen ohnedies stillstehen?

Tagelang hatten wir in den elenden Häusern von Lumberton nichts anderes gesehen als Not, Armut und Hunger. Solche Zustände, sollte man meinen, würden auch den streitbarsten Geist und das optimistischste und tapferste Gemüt zu bitterer Resignation zwingen. Die Arbeiter der Fabrikdörfer gehören zu der Klasse, die man im Süden verächtlich als »arme Weisse« und zynisch als »weissen Abschaum« bezeichnet. Aber unter dem düsteren Himmel in der tief deprimierenden Umgebung von Lumberton fanden wir Männer und Frauen, die vernünftig, einsichtig, ohne Hass über ihre jetzige Lage und über die Aussichten der Zukunft sprachen. Hinter Haynes' Laden, unter ein paar dünnen Fichten, stand ein primitives Brettergerüst, die erste Rednertribüne der Gewerkschaft, von der Myles Horton und Strickland und Mannings und Frank Sutton zu den Arbeitern gesprochen hatten. Mit weisser Farbe waren quer über die Latten die Worte gemalt: *»Willkommen CIO (›Committee for Industrial Organization‹)«.*

Bevor wir abfuhren – der Motor unseres Fords ratterte schon störrisch in der grimmigen Kälte –, baten uns die Männer in Haynes' Laden, von dieser Tribüne eine Aufnahme zu machen. »Es ist ein Symbol«, sagten sie, »es bedeutet, dass Lumberton nicht mehr ohne Hoffnung ist.«

Cincinnati. Eine normale amerikanische Stadt Notizen

Ich fuhr nach Cincinnati. Ungern – denn keine Romantik umwehte den Mittleren Westen, nicht der etwas degenerierte Charme des Südens, die Faszination von New Mexico und Arizona mit seiner Mischung indianischer und spanisch-französischer Kulturelemente. Schlechtes Essen, kleinstädtisch-provinzieller Geist, nüchterner Geschäftssinn – der »Babbitt« von Sinclair Lewis. Ich revidierte: Gründerjahre, Fluss – Eisenbahnen – Wolkenkratzer – Fortschrittliche Landwirtschaft – (vergl. Mittlerer Westen-Notizen)

Cincinnati: die Krise weniger hart. (Notizen Matthewson[?]): deutsches Element.

Die Kehrseite: Arbeiter-Bewegung hatte es schwer. Auch Pittsburgh (Stahl), Akron (Gummi), Detroit (Auto) gehören zum Mittleren Westen. Gerade hier, im Mittleren Westen, hatte die Arbeiter-Bewegung ihre grössten Erfolge. Kohle, Stahl, Auto. General Motors: gerade Ende Februar Lohnkürzung von 10%, CIO-[»Committee for Industrial Organization«-]Mitglieder nicht betroffen. Gerade hier Konferenz der Glasindustrie im Januar 38, wo CIO und Arbeitgeber zusammen eine Lohnbasis etc. suchen.

(Schluss) Die »Reform-Partei« von Cincinnati (liberal) geht nicht weiter als bis zu sauberen Strassen. Gerade die Krise zeigt, dass die liberal-amerikanische Idee den heutigen Problemen nicht gewachsen ist. Ich hatte die normale amerikanische Stadt entdeckt. Aber die alten Schlagworte stehen heute auf den Fahnen der Reaktion: und entsprechen auch im Mittleren Westen, im »schlagenden Herzen Amerikas«, nicht mehr der Wirklichkeit.

Epilog

»… um die Ehre der amerikanischen Südstaaten«

Es besteht Anlass, in diesen Tagen an die »Knaben von Scottsboro« zu erinnern: Vor sieben Jahren, am 6. April 1931, begann der erste Prozess gegen die neun Neger im Alter von dreizehn bis zwanzig Jahren, die man am 25. März des gleichen Jahres verhaftet und angeklagt hatte, zwei weisse Mädchen, Victoria Price und Ruby Bates, vergewaltigt zu haben. Man verurteilte die Burschen zum Tod durch den elektrischen Stuhl, man schleppte sie von Prozess zu Prozess – der Mob staute sich vor den Fenstern ihres Gefängnisses und verlangte ihre Hinrichtung, anderenfalls man sie und die beiden weissen Mädchen lynchen werde. »Scottsboro« wurde zum Symbol rückständiger Justizmoral, ohne dass die Mehrzahl der Menschen sich zu erinnern vermochte, was es mit dem Fall der Knaben von Scottsboro eigentlich auf sich hatte.

Victoria Price hatte von der Stunde ihrer Verhaftung an die »Vergewaltigung« eingestanden. Ruby Bates, die jüngere der Mädchen, hatte zuerst aus Naivität, dann auf den Rat eines Pfarrers, dem sie sich in Gewissensnot anvertraut hatte, die schlichte Wahrheit gesagt. Drei Jahre lang hatte sie in Textilfabriken des Südens gearbeitet, immer als »Lehrling«, zu einem Stundenlohn von fünf Cent und elf Stunden täglich. Als in Huntsville die Arbeit knapp wurde, ging sie mit Victoria Price und deren Freund, Lester Carter, nach Chattanooga, Tennessee. Aber dort sagte man ihnen, Arbeit sei keine zu haben, die Textilfabriken würden zum

Teil geschlossen und sie sollten lieber nach Huntsville zurückfahren. Da die drei kein Geld hatten, sprangen sie auf einen Zug auf. Während der Fahrt gab es auf dem nächsten Waggon Streit zwischen einer Gruppe von weissen und einigen schwarzen Burschen. Carter sprang hinüber, die Schwarzen gewannen und stiessen alle Weissen bis auf einen vom Zug hinunter. Die Weissen mussten offenbar sofort zur Polizei gegangen sein, denn schon an der nächsten Station wurden die Neger vom Zug heruntergeholt. Die Mädchen versuchten, der Verhaftung zu entgehen, weil sie fürchteten, wegen »Vagabundierens« verurteilt zu werden. Im Staate Alabama stehen darauf drei Monate Gefängnis. Aber man fasste sie doch und lieferte sie mit den Negern ins Gefängnis von Scottsboro ein.

Das ist die Wahrheit, wie Ruby Bates sie zuerst eingestand, dann unter dem Druck von Misshandlungen und Versprechungen widerrief, dann, im zweiten Prozess, in Decatur, Alabama, noch einmal wiederholte. An den späteren Prozessen war sie nicht mehr als Zeugin anwesend. Sie war krank. Man hatte sie und ihre Mutter von Fabrikdorf zu Fabrikdorf gejagt – sie wurde entlassen, sobald das Gerücht durchsikkerte, wer sie war. Die weiteren Details im Fall von Scottsboro sind in diesem Zusammenhang nicht wichtig. Wichtig bleibt die Frage: Warum wurde der Fall der Vergewaltigung weisser Mädchen durch Neger konstruiert? Warum mussten neun Knaben, die zweifellos unschuldig waren, der Masse geopfert werden, die ein neunfaches Todesurteil verlangte? Warum verlangte die Masse dieses gefälschte Urteil?

Im Januar 1938 kam, nicht zum ersten Mal, ein Anti-Lynch-Gesetz vor dem amerikanischen Kongress in Washington zur Verhandlung. Die Senatoren und Repräsentanten der Südstaaten boykottierten das Gesetz und paralysierten die Tätigkeit des Hauses so lange, bis der Vorschlag verschoben, vom Programm abgesetzt wurde.

Ich war damals in Washington und konnte die Diskussionen verfolgen. Das Wort »Ehre« spielte darin eine grosse Rolle. Es gehe um die Ehre der Südstaaten, hiess es da, und: hätte man während des amerikanischen Bürgerkriegs gewusst, dass dem Süden jemals ein solches Gesetz zugemutet werden würde, so hätten die Offiziere und Soldaten der Südstaaten keine Friedensbedingungen angenommen, sondern gekämpft bis zum letzten Blutstropfen. Bestehe Präsident Roosevelt darauf, ein Anti-Lynch-Gesetz durchzubringen und damit eines der höchsten Ideale und einen der heiligsten Rechtsbegriffe des Südens anzutasten(!), so werde er das Vertrauen der Demokraten in den Südstaaten für immer einbüssen und eine unheilvolle Spaltung der Demokratischen Partei heraufbeschwören.

Wie ist es möglich, dass erfahrene Politiker und respektable Persönlichkeiten den Lynch-Terror des fanatisierten weissen Mobs als eines der »höchsten Ideale der Südstaaten« bezeichnen?

Im Herbst 1937 brachte ich einige Wochen im Süden, in Tennessee, Virginia, Alabama, Georgia und den beiden Carolinas zu. Ich sah die Armut in den Gruben und Holzfällerlagern von Tennessee, das Elend der schwarzen »Sharecroppers« (Baumwollpächter) und ihrer weissen Feinde und Schicksalsgenossen auf den zerfallenen Plantagen. Ich sah die Rückständigkeit, Unfreiheit, Verseuchtheit und Unterernährung in den grossen Städten Birmingham, Chattanooga, Atlanta, sah noch schlimmere Zustände unter dem weissen Proletariat der »Mill villages«, der Textilfabrik-Dörfer in der Gegend von Columbus, Georgia, und Charlotte, North Carolina.

In Washington fragte mich ein Mädchen aus Georgia nach meinen Eindrücken. Sie war schön, jung, von blendender Intelligenz und stand am Anfang einer grossen Karriere.

»Finden Sie nicht, dass die Neger auf unseren Plantagen glücklich und zufrieden aussehen?« fragte sie mich, »sie sind harmlose, gutmütige Menschen. Natürlich sind sie rechtlos, aber das ist gut so. Die Weissen hingegen, das weisse Proletariat meine ich – Sie wissen, wir nennen sie ›poor whites‹ oder ›white trash‹ (›arme Weisse‹ oder ›weisser Abschaum‹) –, die sind schlimmer als die Neger. Sie sind verseucht und ungebildet, sie können nicht mit Geld umgehen, sie haben kein Verantwortungsgefühl und keine Moral. Man darf ihnen nicht mehr Rechte geben als den Niggern. Sie fühlen sich am wohlsten in dem Zustand, in dem sie sich jetzt befinden.«

»Da sind Sie wohl auch *gegen* die Abschaffung der Kettensträflings-Gefängnisse in Georgia, von der jetzt die Rede ist?«

»Ja«, sagte das Mädchen, »ich bin dagegen.«

In Georgia hatte ich mit einem öffentlichen Wohlfahrtsarzt ein solches Gefängnis besucht. Ein hünenhafter weisser Aufseher hatte mir verboten, die Sträflinge zu photographieren – es waren in der überwiegenden Mehrzahl Schwarze, die mit schweren Ketten an den Fussgelenken im Hof hockten. Wenige Tage nach meinem Besuch rissen Negersträflinge einen Aufseher in ihre Zelle und lynchten ihn, bevor die alarmierte Polizei die Aufsässigen mit Tränengas betäuben konnte.

Der Arzt war auch mit mir auf den Plantagen umhergefahren. »Die Leute sind alle unterernährt«, hatte er mir erklärt, »Schwarze wie Weisse. Die meisten von ihnen haben die Pellagra, eine Art Skorbut, die von der einseitigen Ernährung herrührt. Sie sind unwissend, denn die Kinder können nicht lange in die Schule gehen, sie werden zum Baumwollpflücken gebraucht. Sie lernen nicht, mit Geld umzugehen, denn sie bekommen keines in die Hand. Fast alle sind Pächter, auf der Basis des ›Sharecropping‹ (Ernteteilen). Sie erhalten vom Plantagenbesitzer ein Stück Land, ein Maultier, Gerät, eine Hütte und Kredit in seinem Laden. Die Hälfte der Ernte soll ihnen gehören. Aber sie bekommen fast nie etwas. Sie bleiben verschuldet, von Generation zu Generation. Die Abrechnungen werden vom Plantagenaufseher gemacht. Ein ›Sharecropper‹ – besonders wenn er ein Schwarzer ist –, der sich herausnehmen würde, sein Konto zu kontrollieren, würde von der Plantage vertrieben oder unter irgendeinem Vorwand von der Polizei gefasst – wenn man ihn nicht einfach lynchte. Dieses System, das ›Sharecropping‹, ist der Ersatz, den die Herrenschicht der angelsächsischen Aristokraten nach der Niederlage im Bürgerkrieg für die Einrichtung der Sklaverei gefunden hat.«

Die Angehörigen dieser Herrenschicht – sie sind wohl der im europäischen Sinne kultivierteste Teil der amerikanischen Nation – versichern, diese Niederlage vor siebzig Jahren sei der Ruin des Südens gewesen. In Wirklichkeit wurden einzelne Familien ruiniert. Aber die Grundlage der Blüte und später der Verarmung der Südstaaten, das

Plantagensystem, hat den Krieg überdauert: dank der europäischen Baumwollmärkte und dank der weissen und schwarzen »Sharecroppers«, die den Sklaven ersetzten. Es ist für uns nicht leicht, sich die Macht und Vielseitigkeit dieses »Systems« vorzustellen: Die Baumwolle und damit die Plantage waren das ökonomische Lebenselement, das soziale Gesetz und die Basis des Rechts, der gesellschaftlichen Einrichtungen, der Moral dieses einst fruchtbaren und blühenden Landes der englischen Krone, das heute zum Sorgenkind der amerikanischen Regierung geworden ist. Die Plantage ist so etwas wie ein ländlicher Fabrikbetrieb. Obwohl die Südstaaten also reine Agrarländer waren, entwickelte sich dort kein freier Bauernstand, sondern ein ländliches Proletariat: die »Sharecroppers«, Pächter, Pflükker, Taglöhner der Plantage.

Das Land lebte von der Baumwolle und starb, als mit der grossen Krise die überseeischen Baumwollmärkte eingebüsst wurden, der Baumwollpreis unaufhaltsam fiel. In den gleichen Jahren, 1932 und 1933, breitete sich eine Seuche aus, der »Boll weevil«, der viele Plantagen zerstörte. Eine Landstadt hat dieser Seuche ein Denkmal errichtet: Die verarmte, ausgebeutete Bevölkerung begann zu begreifen, dass ihr eigentlicher Unterdrücker die Baumwolle war und dass das Ende der Plantage vielleicht der Anfang ihrer Befreiung werden konnte.

Es kam jedoch anders. Das brotlose Proletariat, die allgemeine Rückständigkeit, das Fehlen jeder organisierten Arbeiterbewegung und der herrschende Hass zwischen weissen und schwarzen Proletariern lockte die Industrie ins Land. Niedrige Löhne, keine Gewerkschaften, ein straffes und brutales Polizeisystem: Die Zustände der guten alten Zeit, als man noch im unerschlossenen amerikanischen Kontinent Reiche erobern und Riesenvermögen verdienen konnte, schienen sich im Süden noch einmal zu wiederholen. Heute herrschen in den Fabrikdörfern genau die gleichen Zustände wie auf der Plantage und wie in den wenigen alten Fabrikzentren des Südens, die an die Beschreibungen von Dickens aus den Anfängen der Industrialisierung erinnern.

Man hat mir kaum erlaubt, eine Textilfabrik in Georgia zu besuchen. Ich machte mich bei meinen freundlichen und kultivierten Gastgebern mehr als verdächtig, als ich den Wunsch äusserte, eine Spinnerei zu besichtigen. Und als ich dann durch die niedrigen, schlecht gelüfteten, überhitzten, von Baumwollfasern wie von Nebel erfüllten Websäle ging, flüsterten mir meine Begleiterinnen zu: »Sind es nicht hübsche, sonnige Räume? Muss es nicht reizend sein, mit all den bunten Stoffen zu arbeiten?« Ich sah vierzehnjährige Kinder, die in elfstündiger Nachtschicht arbeiteten. Das Bedaux-System zur »Leistungssteigerung« war eingeführt. Das Gespenst der Arbeitslosigkeit drohte. Die neue Krise meldete sich. Ein verständiger Fabrikbesitzer erklärte mir: »Ich muss trotzdem das Bedaux-System einführen und Arbeiter einsparen. Die Konkurrenz zwingt mich dazu. Meine entlassenen Leute laufen zu den Gewerkschaften und stiften Streiks gegen die Arbeitssteigerung an. Ich muss ohnedies bald schliessen. Zuwenig Aufträge. Es ist ein fataler Kreislauf.«

Ein amerikanischer Historiker hat einmal formuliert: »Die Geschichte Amerikas ist eine Geschichte ungeheurer Ausbeutung.« Im Süden wurde der Boden ausgebeutet durch den Raubbau auf den Plantagen. Heute kann die Baumwolle der Südstaaten nicht mehr mit der langfasrigen Baumwolle von Ägypten, Indien, auch von Arizona und Texas konkurrieren. Erosion und Überschwemmung, Folgen bedenkenloser Abholzung, zerstören das Land. Seit Generationen hat die herrschende weisse Klasse ihre ganze politische Anstrengung darauf gerichtet, die Suprematie der weissen über die schwarze Rasse zu erhalten. Als Resultat lebt auf den zerstörten Feldern, in den armen Fabrikorten ein degeneriertes Proletariat, das nun durch die Welle der Industrialisierung ein zweites Mal ausgebeutet werden soll. Aber mit den Industrien sind die Gewerkschaften auf dem Plan erschienen. Das »Komitee für Industrielle Organisation« des mächtigen Arbeiterführers John L. Lewis hat in den Gruben und in den Textilzentren eine erfolgreiche Kampagne durchgeführt. Die Südstaaten befinden sich im Stadium eines akuten und erbitterten Kampfes.

Der Anblick dieses scheinbar unaufhaltsamer Degeneration verfallenen Landes ist nicht ganz ohne Hoffnung. Der Arzt, der mir das Kettensträflings-Gefängnis gezeigt hatte, führte mich auch in die landwirtschaftliche Kollektiv-Siedlung »Pine Mountain Valley«, ein Experiment der Regierung, wo bankrotte und brotlose »Sharecroppers« als selbständige Bauern das Land ehemaliger Plantagen bebauen, mit Getreide, Mais, Kartoffeln, Gemüsen und Früchten. Viehherden weiden auf dem erschöpften Boden, Maultiere ziehen den Pflug über das neue Feld, pausbäckige Kinder gehen zur Schule, eine gesunde, verantwortliche Generation von Staatsbürgern wächst heran.

Die Schaffung eines freien Bauernstands wird vielleicht den Süden, das Stiefkind der amerikanischen Nation, rehabilitieren.

Anhang I
Ausgewählte Briefe
(1936–1938)

1) An Arnold Kübler

Sils-Baselgia, 7. August [1936]

Lieber Herr Kübler,

Sie kennen mich doch schon, und müssen daher auf Überraschungen gefasst sein. Also, – ohne schonende Vorbereitung, ohne viel Umschweife: seit gestern wird es wieder einmal der Ernstfall, ich habe ein Angebot aus Amerika, das ich, leider, mit gutem Gewissen gar nicht abschlagen kann, – leider, weil ich in Sils einen Roman[1] schreibe, und diesen Ort über alles liebe, – aber, um ehrlich zu sein: manchmal ergreift mich bereits etwas, was ich als Drang in die Ferne bezeichnen möchte – – –

Diesmal sollen es aber keine Wüsten sein, keine Araber, keine Kamelaufnahmen, – ich weiss schon dass Sie davon genug haben. Ich glaube ernstlich, dass die Unternehmung, die bevorsteht, Ihr Interesse erwecken wird.

Ich fahre von Washington aus in Gebiete, die man im Allgemeinen nicht kennt: hinterwäldlerisches Amerika, armes, altmodisches Siedlerland. Ich fahre mit einer jungen Journalistin[2], die erstens zu den wenigen hochintelligenten und aussergewöhnlich begabten Amerikanerinnen gehört, die ich kennen gelernt habe, – und die zweitens in der »Resettlement Administration«[3] arbeitet, genau Bescheid weiss, und nicht zum Spass fährt, sondern um Dinge zu studieren, die nicht so auf der Hand liegen, –

wir werden mit den Informationsstellen der Regierung für Neusiedlungen[4] etc zusammen arbeiten, und ich werde auch die Bildarchive[5] (von denen ich Proben kenne) benützen dürfen. Und all dies vor den Wahlen[6] –

All dies unter der Bedingung, dass ich von meinem »Newspaper-Manager« einen Auftrag für eine Anzahl von Artikeln mitbringe. Da der Plan so plötzlich über mich hereinbricht, und ich schon am 1. Sept. drüben sein muss, spielt auch Geld eine ernste Rolle. Was raten Sie mir? Muss ich Herrn XY persönlich einen Brief schreiben, um 500 frs. zu erpressen, oder genügt Ihnen, was ich hier zu sagen und vorzuschlagen weiss?

Auch einen Mitarbeiter-Ausweis hätte ich gern!

Dies in unbescheidener Eile, aber herzlichster Gesinnung!

Ihre

Annemarie Clarac

2) An Arnold Kübler

Washington D. C., 6. Dezember 1936

Lieber Herr Kübler,

es ist, wie gewöhnlich, ein bis[s]chen erschreckend wie die Zeit vergeht, nun ist es also schon beinahe Weihnachten u. ich wäre gern in Sils u. würde Ihnen gern endlich eigene Bilder schicken u. habe immer noch eine langsam heilende Wunde am zerhackten u. zerfransten Bein – Aber jede Sentimentalität ausgeschaltet, bleibt das erfreuliche Faktum dass die in der »Zürcher« publizierten Photos[1] hier bei offizieller Stelle, d. h. bei der Resettlement Administration, einen ganz enormen Anklang gefunden haben – u. dass ich nun, als anerkannte Arbeitskraft, weitere Bilder benützen darf u. Ratschläge erhalte über das, was hier als wichtig u. publizierenswert angesehen wird. Ich arbeite mit grossem Fleiss u. glaube, dass Ihnen die nächste Serie: über *Baumwolle* als Lebenselement u. -problem des amerikanischen Südens[2], gefallen wird. Reisen kann man jetzt kaum, es ist einfach zu *kalt* –

Mit vielen herzlichen Grüssen, Weihnachtswünschen – (u. etwas Sentimentalität, trotz allem –) bin ich Ihre

Annemarie Clarac

3) An Klaus Mann

Highlander Folk School[1]
Monteagle, Tennessee, 10. Nov. 37

Liebster Klaus, – das *Datum* ist mir heute aufgefallen, – und wenn wir in der gleichen nachlässig-konzentriert-vergesslichen Manier unseren Weg fortsetzen, kann es leicht das Ende des Monats werden, bevor wir in Washington – und noch nicht in New York – zurück sind. Wir müssten denn – und es ist sogar wahrscheinlich – durch die unheimlich schmelzenden Finanzen gezwungen sein … und gerade davon getraue ich mich kaum, zu reden. Aber kurz und schlicht: Du kennst die Hotels und Gepflogenheiten des Kontinents, – und weisst, wieviel genau 250 Dollars monatlich bedeuten, von denen über 25 gleich für den Wagen abgehen. Und vom Rest ernähre ich – gut und gern – und in jeder Hinsicht berechtigter Weise – Barbara[2]. Dies, damit Du realistisch und freundlich eingestellt bist, wenn ich Dich frage, wie es mit dem Retourbillet steht. Ich erfuhr, es wurde bar bezahlt und als meine Rückfahrt gebucht, – und ich sage es Dir lieber gleich: ich müsste damit rechnen, – d. h. damit, dass Du den Schein, den Du irgendwo in der Tasche hast, auf mich überträgst, – *irgendwie,* hoffe ich, würde doch die Lecture Tour[3] oder der Kunst-Baedeker[4] Deine Heimreise aufbringen? – anderenfalls ich nicht recht weiss, was ich tun soll, – selbst dritter Klasse wäre ich zu allerhand peinlichen Sparmassnahmen(!) und Hinterhältigkeiten gezwungen. Und – erstens kann ich nicht mehr sparen als es schon geschieht – Sandwichs and no drinks –

zweitens *mag* ich nicht wieder dritter Klasse. Aber – dies alles nur, im Falle Du plötzlich und vor meiner Rückkehr abreisen willst – was ich ganz und gar nicht hoffe …? *Viel* hübscher wäre es, zusammen zu reisen[5] – – und in diesem casus könnten wir ja alles hübsch zusammen aushecken und berechnen.

Ich habe bisher unter beträchtlichem Aufwand an Energie und Konzentration einen TVA-Artikel für Graeter[6], eine Labour-Reportage für die Weltwoche[7], – und ein ganz gelungenes (…?) Feuilleton als erstes Stückchen einer Serie für Kleiber[8] gedichtet. Erstens ist es schwierig, weil ich mich unter lauter Experten und seriös gesinnten Kennern befinde, die genau wissen, wie kompliziert die Tatsachen hier liegen, und die an die ganze raffinierte Komplexität der lokal- versus amerikanischen Berichterstattung gewöhnt sind. Zweitens ahnt mir selbst Einiges von der harten, grausig-rohen, und doch wieder »smarten« Realität des Kampfes, der sich hier zwischen Plantagensystem und Industrialisierung, Neger-Vorurteilen, und billigen Löhnen, faschistischen Methoden und proletarischer Zukunft abspielen [eigtl. abspielt]. Aber wieviel davon kann man in sechs Seiten dem biederen Europäer erklären? –

Was treibst Du, – in der rasch wachsenden Zwischenzeit? – Manchmal wünschte ich doch, Du würdest einmal mitfahren, – weil uns Vieles, was sich hier vorbereitet, direkt angeht, und weil es Zukunft bedeutet. Selbst die kommunistischen Führer – eben sass ich mit dreien zusammen – sind hier unten[9] aus anderem Stoff als in N. Y. –

Aber, jetzt ist es auch ein Uhr, und um acht Uhr gibt es schon wieder Haferbrei und Speck. Über den Wasser-

Kaffee will ich gar nichts sagen, weil wir im Übrigen hier so durchaus reizend behandelt werden, und ausserdem abreisen, – in die Stadt Birmingham[10]. Hast Du den sehr guten Artikel darüber, in irgendeiner Harper-Nummer[11], gelesen? – Grüsse alle, den Curtis[12] den Doktor[13], – und sehr Zärtliches für E.[14] – und Dich, nebst tausend Grüssen von Barbara –

à toi –

Miro

4) An Arnold Kübler

Cincinnati, Ohio, 29.I.38

Lieber Herr Kübler,

dank vereister Strassen u. lebensgefährlicher Kälte blieb ich dieser Stadt eine Weile blockiert, u. bringe Ihnen eine *Entdeckung* mit.

Dass ich von Fabrikbesitzern u. Handelsrichtern bis zu Gewerkschaftlern, von Stadt-Ingenieuren bis zu den Leitern des Arbeitslosen-Dienstes, von Journalisten bis zu vielen, vielen Damencomités die ganze Stadt interviewte, u. nun auch ALLES weiss[1], interessiert Sie weniger. Dass am helllichten Mittag elektrische Lampen brennen, u. der Ohio im dicken Nebel einfach nicht zu photographieren ist[2], die Niggers wie Gespenster auftauchen, u. s. w. – das wäre für mich hübsch traurig –

Denn der FLUSS ist faszinierend, u. über den FLUSS will ich Ihnen neue Bildberichte[3] bringen: u. hier ist die Entdeckung:

Paul Briol[4], als *schwieriger* Kauz angeschrieben, jedes Geschäft[s]sinnes bar (in Amerika eine schlimme Eigenschaft) – ein Schweizer, u. er sieht übrigens aus wie der rothaarige Bruder von Schuh[5] – Kurz, ich entdeckte[?] Paul Briol. Und obwohl man mir sagte, es sei leider nicht mit ihm auszukommen, kommen wir prächtig aus. Der Mann *macht Bilder* – »es schlägt Dir die Zähne aus«, sagt der Amerikaner.

Also: wir waren zusammen auf den Flussdampfern, diesen alten Ungetümen mit Riesen-Rädern, Kaminen, Gusseisen, poetischen Namen, Niggern, Kautabak, u. Flussbär-Kapitänen. Wir fahren heute den Fluss abwärts. Und ich bringe Ihnen Photos –

Warum habe ich eigentlich *nie* etwas von Ihnen gehört? Verlorene Post? – Lorenz Saladin ist ganz gross in der Februar Nummer von »ASIA«-Magazine (New York) erschienen[6].

1000 Grüsse, auf bald –

Ihre

AC

5) An Arnold Kübler

Woman's National Democratic Club[1]
1526 New Hampshire Avenue
Washington, D. C.
4.2.38

Lieber Herr Kübler, Freund und Chefredakteur,

– Ihr Brief[2] hat mich alarmiert, nachdenklich gestimmt, und ist nicht leicht zu beantworten.

Beginnen wir mit den simplen Tatsachen:

ich schrieb für »ABC«[3], weil ich Dr. Gmür[4] sympathisch fand, und weil ich hoffte, es würde eine integre, seriöse Zeitung werden. Ferner, weil ich annahm, dass gewisse Themen, die für Sie oder die National-Zeitung ungeeignet sind, dort würde publizieren können.

Ich kann aber »ABC« nicht beurteilen. Falls es ein ausgesprochen einseitiges Blatt ist, so wird mein Name dadurch gestempelt. Das *könnte* mir egal sein, – falls ich ein Propagandist statt eines Journalisten wäre.

Es ist mir aber nicht egal.

Nun die kompliziertere Seite der Angelegenheit:

was will ich überhaupt? – Ich schreibe nicht mehr, wie etwa in Persien, über alles, was mir gerade einfällt. Ich denke bei jedem Aufsatz und jedem Bild nach, weshalb ich es publiziert sehen möchte.

Hier, in U. S. A., bin ich so etwas wie ein »Labor writer« geworden. Das ist absolut legitim, weil wir alle wissen, dass die Arbeiter-Bewegung, die Frage der Arbeiter-Organisation, die Adaption der demokratischen Institutionen an die Bedingungen hochindustrialisierter Länder, – ferner Krise und Arbeitslosigkeit, Preise und Märkte, etc etc etc, ebenso wichtig sind wie der chinesisch japanische Krieg. De facto wichtiger für uns, – denn es handelt sich ja darum, ob die Demokratien weiterbestehen werden. Und das ist heute nirgen[d]s so klar als Fragestellung, lässt sich nirgen[d]s so deutlich verfolgen, wie in Amerika.

Das sind grosse Begriffe, um meine bescheidene Tätigkeit zu rechtfertigen.

Ich will damit nur sagen: ich gedenke nicht, ein abseitiges und idyllisches Leben mit schöngeistiger Tätigkeit zu führen, während die Welt in Stücke geht.

Die Frage ist nur – und Sie stellen sie in Ihrem Brief, dessen freundliche Warnung und Sympathie mich sehr gerührt hat, – ob ich es *richtig* anstelle.

Ich will Leute zum *denken* anregen. Leute ohne vorgefasste Meinung. Möglichst viele Leute. Falls die Tatsache, Artikel in »ABC« zu haben, meine Möglichkeit, für Sie oder die National-Zeitung zu schreiben, beeinträchtigt, so werde ich mich dazu entschliessen, nicht mehr für »ABC« zu schreiben.

Aber Sie stellen noch andere Fragen. Warum arbeite ich nicht in der Schweiz? Ich gehöre dorthin, dort würde, was ich glaube zu sagen zu haben, anders und besser gehört werden, dort bin ich, in aller Bescheidenheit, ein »Faktor«.

Nun, – ich wusste immer, dass es einmal zu dieser Fragestellung kommen würde.

Ich hielt es für richtig, mich zuerst zu etablieren, etwas zu lernen, mir einen Namen zu machen. All dies im Ausland, weil die Schweiz ein kleines Land ist, und was ich dort tue oder sage, immer persönlich gewertet, ausgemünzt, kritisiert wird. Dort bleibt es nie einfach dabei, dass Frl. X. dies und das geschrieben hat, – sondern es heisst: *wer* hat es gesagt, und warum?

Dazu die rein persönliche Stellungnahme: meine Familie verfolgt mit interessiertem Misstrauen, was ich treibe[5]. Ich bin kein bequemes Glied der Familie. Ich bin so etwas wie ein Störenfried. Das ist meine Funktion, und ich habe es längst akzeptiert, wenn es auch unbequem ist.

Aber, – ich habe es akzeptiert, ohne bisher den Mut aufzubringen es in der Schweiz zu tun. Es war nicht nur Mangel an Mut, sondern, wie erwähnt, auch das Gefühl, ich sei noch zu jung, um mein Gewicht in die Wa[a]gschale zu werfen.

Aber mittlerweile schreibe ich ja doch, und werde gelesen, und also diskutiert und an meinen Platz gestellt. Und wie ein blindes Huhn arbeite ich hier eifrig, sende meine Äusserungen übers Meer, und will nicht wissen, was meine linke Hand tut. Inzwischen sagen Sie es mir deutlich.

Ich werde nicht nach China fahren[6], *aller* Wahrscheinlichkeit nach nicht. Wenn ich in die Schweiz zurückkomme, so werde ich mich nicht blindlings in Sils vergraben, sondern vorher mit Ihnen sprechen, *was* ich tun kann, und was ich lernen und wissen muss. Ich weiss nichts über das Land, für dessen Leser ich schreibe.

Genug für heute. Ich hoffe, wir werden noch einmal zusammenarbeiten, in einer Weise, die uns befriedigt und die Sinn und Zweck hat.

Saladin ist hier ganz gross erschienen[7], und ist auch für »Atlantis« bereits in Druck[8].

Halten Sie mir noch eine Weile Raum in der ZI offen, – ich bringe Ihnen ein paar schöne Sachen mit. Und vielen Dank für Ihren Brief, – er wird, weissgott, beherzigt.

Stets Ihre

AC

6) An Arnold Kübler

Washington, 6. Februar [1938]

Ein Nachtrag, lieber Herr Kübler, zu meinem letzten Antwort-Brief[1].

Es ist ein rein praktisches Detail, das mit der prinzipiellen Seite unseres neuesten Problems wenig zu tun hat:
1. Ich schrieb doch für »ABC« schon letztes Jahr[2], vor meiner zweiten Amerikareise.
2. Ich habe nachkontrolliert, *was* ich diesmal an »ABC« geschickt habe. Es waren vier Artikel:

1. »Hans Meister wird ein Fall« – eine reine Emigranten-Geschichte[3]
2. »Ein Artikel macht Sensation«[4]
3. »Warum der Herzog von Windsor nicht nach Amerika reiste« (über das sogenannte Bedaux-System in den Fabriken der Südstaaten)[5]
4. Lumberton, ein Fabrikdorf in North Carolina[6].

Die drei Themen, die ich im Zusammenhang mit den Südstaaten behandelte, waren durchwegs von einer Sorte, die für andere Zeitungen nicht in Frage kam, und vor allem nicht als Bildbericht.

Sogar »Lumberton, ein Fabrikdorf«, – zu dem ich vorzügliche Photos[7] habe, schrieb ich für »ABC«, weil ich wusste, dieses Thema würde für die ZI nicht infrage kommen, weil es ein reines »Labour«-Thema ist. Ich sagte mir also, dass ich – wenn ich »ABC« nur solche Artikel schicken würde, die den später publikationsreifen Bildberichten für die ZI keinen Abbruch tun, – dass in diesem Fall keine Konkurrenz entstehen könne, – d. h. dass die ZI dann nicht den Eindruck haben könne, sie werde von mir als »Ergänzung« für »ABC« oder irgendeine Zeitung, für die ich schreibe, benutzt.

Natürlich bleibt der Aspekt, dass ich durch gewisse Artikel – so objektiv die Stellungnahme meinerseits auch sein möge – und durch Publikationen in gewissen Zeitungen, – einen »Stempel« erhalte, der vielleicht für andere, liberale, oder »neutrale« Zeitungen, unerwünscht ist.

Also, wir sprechen darüber. Denn etwa am 20. [Februar] treffe ich in Zürich ein, und sehe Sie, bevor ich zu kurzer (wirklich notwendiger) Erholung nach Sils fahre. Und dann wollen wir uns eine Zusammenarbeit und ein Programm für den Sommer ausdenken.

Viele Grüsse an Ihre Frau[8], an die schönen Söhne[9], und an die so reizende Ursula[10]!

Stets Ihre
Annemarie Clarac-Schwarzenbach

7) An Otto Kleiber

Sils-Baselgia, 10. März 38

Sehr verehrter Herr Dr. Kleiber,

die Zurücksendung der beiden letzten Aufsätze[1], die ich für Ihr Feuilleton geschrieben hatte, war natürlich eine nachhaltige Enttäuschung u. kein ganz geringer Schrecken für mich, – ich hatte bei unserem kurzen Gespräch in Basel allerdings gemerkt, dass Sie mit den amerikanischen Beiträgen dieses Winters nicht recht zufrieden waren, u. verstand auch durchaus Ihre Einwände. Aber ich hatte mich damit getröstet, dass gerade mein letzter Aufsatz »Der alternde Mittelwesten«[2], wie ich glaubte, sowohl im Thema wie vor allem im Stil gelockerter, leichter, mit weniger wirtschaftlichem Material belastet, – kurz: feuilletonistischer ausgefallen sei als die letzten Aufsätze der »Dixie Line«-Serie[3]. Da habe ich mich also getäuscht.

Sie haben es mir vielleicht, während meiner letzten Reisen, ein bis[s]chen zu leicht gemacht. Und da ich, wie Sie wissen, seit meinem ersten Aufenthalt in Amerika, meine Einstellung u. meine Absichten auf dem Gebiet des Journalismus gründlich geändert habe, nämlich mich bemühe, aus einem gelegentlich Reiseimpressionen niederschreibenden Dilettanten ein professioneller u. brauchbarer Journalist zu werden, – ist es natürlich besonders bitter, wenn diese Bemühung dazu führen soll, dass ich schlechter statt besser schreibe. Wie die Situation heute ist – d. h. wenn man ausdrücklich darauf verzichtet, für die reichsdeutsche Presse zu verzichten [eigtl. schreiben], fällt die National-Zeitung als fast einzige grössere Tages-Zeitung entsprechend mehr ins Gewicht.

Ich bin augenblicklich noch mit der Ausarbeitung eines Vortrags[4] u. einer Seite für die »Weltwoche«[5] beschäftigt, hoffe aber Ihnen später noch zwei Beiträge[6] zu schicken, die vielleicht doch wieder den Ton des Feuilletons treffen.

Inzwischen verbleibe ich mit vielen Grüssen stets Ihre ergebene

Annemarie Clark-Schwarzenbach

8) An Arnold Kübler

Sils-Baselgia, 11. Juni [1938]

Lieber Herr Kübler,
Sie können sich denken, dass ich mich enorm gefreut habe über die amerikanische Publikation[1]: so grosszügig und geschlossen, so gut verteilt der Text ausreichend die Bilder in die Augen springend, – und dies alles, obwohl, wie ich weiss, Sie mit der Arbeit in dieser Form nicht restlos einverstanden waren. Vielen Dank …

Und nun Ihr Brief[2]. Ich war sehr bestürzt darüber. Ich wollte ja von Malans[3] aus unbedingt nach Zürich, teils wegen des Vortrags[4], teils um Sie zu sprechen, aber der Arzt hat es mir radikal verboten[5], und als ich versuchte, auf meinen Beinen zu stehen, einen Brief zu schreiben, eine Konversation zu führen, musste ich zugeben, dass alles noch sehr mühsam sei. Also wurde ich gleich hier herauf verfrachtet, und soll nun frische Luft atmen, sonst nichts. Aber das bekommt mir nicht (wohl die frische Luft – nicht aber das Untätig sein) und deshalb hat mich Ihr sanfter Vorwurf sehr getroffen. Trotzdem – es bleibt ja nichts anderes übrig, als dass ich mich diese nächsten Wochen bescheide, die Saladin-Biographie[6] muss auch geschrieben werden, – ich fürchte nur, dass ich dann im September wieder ausbrechen werde, in die fernen Erdteile[7], und das ist es nicht, was Sie wollen. Was Sie schreiben – an Vorschlägen, – beweist ja dass es in der Schweiz Mancherlei zu tun gäbe. Ich frage mich nur, ob es genügen würde, um mein Hierbleiben zu rechtfertigen.

Anders steht es mit Ihrer anderen Andeutung: dass ich allzu verhaftet und befangen sei in der politisch-sozialen Sphäre und Betrachtungsweise. Nehmen wir Mexiko als Beispiel: da hat Helene Fischer[8] sehr schöne Sachen photographiert, so unbelasteten Gemüts wie ich das niemals könnte. Inzwischen vollzieht sich dort – symbolisiert durch die internationalen Ölkonzessionen – der grosse Kampf um die Erneuerung der Staats- und Gesellschaftsform. Jeder Indianer und Gaucho den Frl. Fischer dort photographiert hat, ist von der Revolution mitbetroffen, – und lebt ganz und gar nicht nur in der romantischen Sphäre der Religionsfeste, und die Libellen-Segel der Fischerboote[9] sind auch nicht bloss schön und anmutig, sondern ein Teil des täglichen Daseinskampfes. Würden Sie nun von einem Reporter der dorthin reist, erwarten, dass er die politisch-soziale Betrachtungsweise negiert und ausser Acht lässt? Kann man zwischen dem Menschlich-Privaten und den »offizielleren« Geschehnissen eine Grenze ziehen? Ich kann es nicht, – und deshalb verstehe ich – um ganz ehrlich zu sein – nicht genau, was Sie meinen. Genau das Gleiche gilt natürlich für die Schweiz, und für jeden Ecken des brennenden Erdballs.

Kommen wir zu einem praktischen Ende: wenn ich im Verlauf des Sommers irgendwelche Aufträge für Sie machen kann, so bin ich dazu freudig bereit. Ab Ende dieses Monats – denn bis dahin habe ich mit dem Saladin zu tun. Es wäre mir sogar besonders lieb, wenn ich *vor* einer neuen grösseren Unternehmung etwas mit Ihnen arbeiten und besprechen könnte, – um besser zu wissen, was und wie Sie es haben wollen. –

Wann fahren Sie ins Wallis? Für wie lange? – Grüssen Sie bitte Ihre Frau[10] –

Stets Ihre

Annemarie Clark

Anmerkungen

Nr. 1 (S. 243)

Typoskript = Druckvorlage (D). Sils-Baselgia, 7. August [1936]. Fotokopie im Besitz des Hg. Zentralbibliothek Zürich, Handschriftenabteilung, Nachlass Arnold Kübler.

Arnold Kübler (1890–1983), Schweizer Schriftsteller, Zeichner, Schauspieler und Journalist. Chefredaktor der »Zürcher Illustrierten« (1929–1941); Gründer und Chefredaktor der Kulturzeitschrift »DU« (1941–1957). Dort veröffentlichte er den Nachruf »Annemarie Clarac-Schwarzenbach zum Gedächtnis«, März 1943, Nr. 3. Annemarie Schwarzenbach (A. S.) publizierte in der »Zürcher Illustrierten« von 1933 bis 1941 zahlreiche Bildberichte.

1 »Tod in Persien«. Der Text erschien erstmals 1995 im Lenos Verlag, Basel.

2 Barbara Wright. A. S. hat die amerikanische Fotografin und Journalistin im Sommer 1935 im Iran kennengelernt.

3 Eine 1935 von Roosevelt im Rahmen des »New Deal« gegründete Behörde – ab 1937 »Farm Security Administration« (FSA) –, um vor allem die während der Wirtschaftskrise in Not geratenen Farmer mit verschiedenen Programmen zu unterstützen. Zur FSA gehörte auch eine Gruppe von etwa 30 Fotografinnen und Fotografen – darunter Walker Evans und Dorothea Lange –, die unter der Leitung von Roy Stryker 1935–1944 mittels der Dokumentarfotografie auf die Notlage der armen Bevölkerung auf dem Land, aber auch in Städten aufmerksam machte. Barbara Wright war im Rahmen dieses Fotoprogramms bis in die frühen vierziger Jahre u. a. für die »National Youth Administration« tätig.

4 Zwei dieser von der »Resettlement Administration« realisierten Neusiedlungen (»greenbelt towns«) – Greenbelt, Maryland, und Greenhills, Ohio –, die u. a. bezahlbaren Wohnraum für Bundesbedienstete zur Verfügung stellten, hat A. S. besucht und fotografiert. Die Aufnahmen finden sich in ihrem Bildnachlass im Schweizerischen Literaturarchiv (SLA) in Bern.

5 Folgende vier Reportagen von A. S. wurden mit Fotografien aus dem Bildarchiv der »Resettlement Administration« illustriert: »Arme Amerikaner«. Zürcher Illustrierte, 30.10.1936, Nr. 44; »Roosevelt-Wähler. Wie sieht der Amerikaner aus?«. Zürcher Illustrierte, 6.11.1936, Nr. 45; »Die Wüste … wächst in U. S. A.? Das Schicksal Arabiens, Griechenlands und Spaniens als warnendes Beispiel«.

Zürcher Illustrierte, 4.12.1936, Nr. 49; »König Baumwolle ... und seine Untertanen in USA. Kraft und Schwäche des amerikanischen Südens«. Zürcher Illustrierte, 22.1.1937, Nr. 4.

6 Am 3. November 1936 wurde der amtierende Präsident der USA, der Demokrat Franklin D. Roosevelt, erneut gewählt.

Nr. 2 (S. 245)

Manuskript = D. Washington D.C., 6. Dezember 1936. Fotokopie im Besitz des Hg. Zentralbibliothek Zürich, Handschriftenabteilung, Nachlass Arnold Kübler.

1 In den von Oktober bis Dezember 1936 publizierten drei Reportagen. Siehe Anm. 5 zu Brief Nr. 1.

2 Die Reportage »König Baumwolle ...« erschien am 22.1.1937. Siehe Anm. 5 zu Nr. 1.

Nr. 3 (S. 246)

Typoskript. Highlander Folk School, Monteagle, Tennessee, 10. Nov.[ember] [19]37. Fotokopie im Besitz des Hg. E = D: »Wir werden es schon zuwege bringen, das Leben«. Annemarie Schwarzenbach an Erika und Klaus Mann. Briefe 1930–1942. Hg. von Uta Fleischmann, Pfaffenweiler, Centaurus-Verlagsgesellschaft 1993, S. 160f. Klaus Mann (1906–1949), deutscher Schriftsteller, Journalist und Herausgeber; ältester Sohn von Thomas Mann. Seit 1930 eng befreundet mit A. S.

1 Siehe die Texte S. 149ff., 158–181.

2 Barbara Wright. Siehe Anm. 2 zu Brief Nr. 1.

3 Klaus Mann hielt im Herbst/Winter 1937/38 verschiedene Vorträge, darunter »A family against a Dictatorship«, in mehreren Staaten der USA.

4 Das zusammen mit seiner Schwester Erika verfasste Buch »Escape to Life« erschien 1939 bei Houghton Mifflin in Boston.

5 A. S. reiste am 13. Februar 1938 mit Klaus Mann mit dem Schiff »Ile de France« von New York nach Le Havre.

6 Es gibt im Nachlass von A. S. im Schweizerischen Literaturarchiv (SLA) hs. Notizen zum Thema TVA (»Tennessee Valley Authority«). Kein Artikel ermittelt.

7 Vermutlich »... um die Ehre der amerikanischen Südstaaten«. Siehe S. 231–239.

8 Erster Artikel der fünfteiligen Serie: »Dixie Line – der Weg des amerikanischen Südens I: Roter Backstein und weisse Säulen«. National-Zeitung, 30.11.1937, Nr. 557. Zu Otto Kleiber siehe Anm. zu Brief Nr. 7.

9 A.S. war seit Anfang November 1937 auf einer Reportagefahrt mit Barbara Wright in den Süden der USA.
10 Siehe »Die Stadt des unaufhörlichen Versprechens«, S. 185–190.
11 Nicht ermittelt.
12 Thomas Quinn Curtiss (1915–2000), amerik. Film- und Theaterkritiker, zeitweise Lebensgefährte von Klaus Mann.
13 Vermutlich Martin Gumpert (1897–1955), deutscher Arzt und Schriftsteller, mit Erika und Klaus Mann befreundet. Emigrierte 1936 in die USA.
14 Erika Mann (1905–1969), deutsche Schauspielerin, Kabarettistin und Schriftstellerin; älteste Tochter von Thomas Mann. Seit 1930 eng mit A.S. befreundet.

Nr. 4 (S. 249)

Manuskript = D. Cincinnati, Ohio, 29.1.[19]38. Fotokopie im Besitz des Hg. Zentralbibliothek Zürich, Handschriftenabteilung, Nachlass Arnold Kübler.

1 Vgl. »Cincinnati. Eine normale amerikanische Stadt. Notizen«, S. 225f.
2 Siehe die Fotografien Nr. 72–81, die A.S. vermutlich Anfang Februar 1938 in Cincinnati gemacht hat.
3 Von A.S.s Aufenthalt in Cincinnati wurde nur der Bildbericht »Der Schweizer Paul Briol photographiert das Leben … auf den Raddampfern der grossen amerikanischen Ströme«. Zürcher Illustrierte, 14.2.1941, Nr. 7, publiziert.
4 Paul Briol (1889–1969) wurde in Massachusetts geboren und lebte seit 1909 als Fotograf, Journalist und zeitweise Manager eines Buchladens in Cincinnati. Sein fotografisches Werk ist mehrheitlich dieser Stadt gewidmet. Seine Eltern stammten aus der Westschweiz.
5 Gotthard Schuh (1897–1969), wichtiger Schweizer Fotograf, der u.a. für die »Zürcher Illustrierte« arbeitete. A.S.s Artikel »Schweizer bekennen … Bildbericht von der ersten nationalen Tagung der Oxford-Gruppe im Comptoir Suisse in Lausanne am 17. und 18. April«. Zürcher Illustrierte, 23.4.1937, Nr. 17, ist mit Fotos von Gotthard Schuh versehen.
6 Bildbericht (mit Fotografien von Lorenz Saladin) »His Last Mountain«. Asia 1938 (Febr.). Siehe auch das Buch von A.S. über den nach der Besteigung des Khan Tengri in Kirgistan an den Folgen einer Blutvergiftung gestorbenen Schweizer Bergsteiger und Fotografen Lorenz Saladin (1896–1936): »Lorenz Saladin. Ein Leben für die Berge«. Geleitwort von Sven Hedin, Bern, Hallwag 1938.

Nr. 5 (S. 251)

Typoskript = D. Washington, D. C., 4.2.[19]38. Fotokopie im Besitz des Hg. Zentralbibliothek Zürich, Handschriftenabteilung, Nachlass Arnold Kübler.

1 Eine 1922 gegründete Organisation mit dem Zweck, ein Treffpunkt für Demokratinnen in Washington zu sein und die Demokratische Partei der USA zu fördern. A. S.s Bezug zu dieser Organisation wurde vermutlich durch ihre Freundin Barbara bzw. durch deren politisch aktive Mutter Elizabeth Wright, Witwe des Gesundheitspolitikers Hamilton Kemp Wright, hergestellt.

2 Nicht erhalten.

3 Linke, antifaschistische Zürcher Wochenzeitung, die von 1937 bis 1938 erschien. Bekannte Autoren wie Friedrich Glauser veröffentlichten dort. A. S. publizierte vom 13.5.1937 bis 25.3.1938 insgesamt acht Artikel in dieser Zeitung. Siehe die drei hier wiederveröffentlichten Texte, S. 158–173, 217–224.

4 Harry Gmür (1908–1979) gründete, finanzierte und leitete »ABC« zusammen mit Josef Halperin. Er war Mitglied der Sozialdemokratischen und der Kommunistischen Partei, 1944 Mitbegründer der Partei der Arbeit. Arbeitete später als Journalist und Schriftsteller.

5 Vgl. Brief von Renée Schwarzenbach an Ernst Merz, Bocken ob Horgen, 11.8.1937: »Ich verstehe nicht, wie ein Mensch wie Sie eine National Zeitung lesen kann! [...] ein solch hetzendes Blatt, voller Unrichtigkeiten – einseitig eingestellt – unschweizerisch – [...] Vielleicht war es ja auch ein Zufall, dass Sie die Nummern mit den »Clar[a]c'schen Artikeln in die Hand bekamen – [...] Sie werden sagen: welche Zeitung ist besser? Ich glaube fast jede ist anständiger wie die – die heutige ›Weltwoche‹ ist allerdings auch ein unmögliches Blatt.« Typoskript im Besitz des Hg. Und: Brief an Anita Forrer, Samaden, Chesa Dr. Ruppanner, Sonntag morgen, [Mai 1938], Manuskript: »meine Artikel solle ich nicht mit Schwarzenbach signieren, um der Familie die Schande zu ersparen –« (Schweizerisches Literaturarchiv (SLA), Bern, Nachlass A. S., Briefe, B-1-FOR).

6 A. S. plante, 1938 mit dem niederländischen Dokumentarfilmer Joris Ivens und dem ungarisch-amerikanischen Fotografen Robert Capa nach China zu fahren, »weil mir alles, jede Gefahr besser schien als die Ausflucht des Morphiums« (zit. nach Brief an Anita Forrer, Samaden, Chesa Dr. Ruppanner, Sonntag morgen, [Mai 1938], Manuskript. Siehe Anm. 5). Dieses Projekt scheiterte vor allem wegen des Einspruchs von Erika Mann.

7 Siehe Anm. 6 zu Nr. 4.

8 »Saladin – ein Schweizer Bergsteiger-Schicksal in Zentralasien. Be-

zwingung des Khan-Tengri-Gipfels und Tod im Innültschek-Tal«. Atlantis 10, 1938, Nr. 8 (August).

Nr. 6 (S. 255)

Typoskript = D. Washington, 6. Februar [1938]. Fotokopie im Besitz des Hg. Zentralbibliothek Zürich, Handschriftenabteilung, Nachlass Arnold Kübler.

1 Siehe Nr. 5.

2 Folgende Artikel sind 1937 vor der zweiten Amerikareise von A. S. in »ABC« erschienen: »Bei den ›Vereinigten Bergarbeitern Amerikas‹«, 13.5.1937, Nr. 17; »Bei Studenten in vier Ländern«, 24.6.1937, Nr. 19; »Billige Häuser, Gummistiefel und praktischer Sozialismus«, 22.7.1937, Nr. 23.

3 Veröffentlicht unter dem Titel »Max Meister wird in USA ein ›Fall‹. Das abenteuerliche Schicksal eines papierlosen Emigranten«. ABC, 4.11.1937, Nr. 3. Erstdruck in Buchform (EB): Auf der Schattenseite (AS 1990). Ausgewählte Reportagen, Feuilletons und Fotografien 1933–1942. Hg. von Regina Dieterle und Roger Perret. Mit einem Nachwort von Regina Dieterle, Basel, Lenos Verlag 1990 (= Ausgewählte Werke. Hg. von Roger Perret, Bd. 3), S. 89–94.

4 Titel des Typoskriptes. Veröffentlicht unter dem Titel »Im amerikanischen Südosten«. ABC, 23.12.1937, Nr. 45/46. EB: AS 1990, S. 144–150.

5 Vermutlich »So kämpft Miss Bryant«. ABC, 25.3.1938, Nr. 6. Siehe »Wie lebt Aline Bryant, Textilarbeiterin?«, S. 169–173.

6 Veröffentlicht unter dem Titel »Streik in Lumberton, North Carolina«. ABC, 17.2.1938, Nr. 1. Siehe »Streik in Lumberton«, S. 217–224.

7 Siehe die Fotografien Nr. 66–69, die A. S. in Lumberton im November 1937 gemacht hat.

8 Alva Kübler-Giertz (1887–1965).

9 Jörn (1922–1975) und Olaf Kübler (1924–1987), Kinder aus der früheren Ehe von Arnold Küblers Frau.

10 Ursula Kübler (1928–2010), Tänzerin, verheiratet mit dem französischen Schriftsteller, Jazzmusiker, Musikkritiker, Chansonnier und Schauspieler Boris Vian; Tochter von Arnold Kübler.

Nr. 7 (S. 257)

Manuskript = D. Sils-Baselgia, 10. März [19]38. Fotokopie im Besitz des Hg. Universitätsbibliothek Basel, Handschriftenabteilung, Nachlass Otto Kleiber, NL 336.

Otto Kleiber (1883–1969), Feuilletonredaktor der Basler »National-

Zeitung«. A. S. veröffentlichte von 1934 bis 1942 in der »National-Zeitung« zahlreiche Artikel.

1 Nicht ermittelt.
2 Nicht erhalten.
3 Die fünf Artikel umfassende »Dixie Line«-Serie wurde vom 30.11.1937 bis 25.1.1938 publiziert. Siehe die vier hier wiederveröffentlichten Texte S. 152–157, 174–181, 185–196.
4 Vermutlich Vortrag »Plantagen im Süden – Sorgenkinder der U. S. A.«, Radio Zürich, Frauenstunde, 30.9.1938, 16.30–17.00. Angekündigt in: Schweizer Radio Zeitung, 15.9.–1.10.1938, Nr. 38 (mit zwei Fotografien von A. S.).
5 »… um die Ehre der amerikanischen Südstaaten«. Die Weltwoche, 15.4.1938, Nr. 231. Siehe S. 231–239.
6 Nicht ermittelt.

Nr. 8 (S. 259)

Typoskript = D. Sils-Baselgia, 11. Juni [1938]. Fotokopie im Besitz des Hg. Zentralbibliothek Zürich, Handschriftenabteilung, Nachlass Arnold Kübler.

1 Bildbericht »Das Drama im amerikanischen Plantagen-Gürtel. Glanz, Sturz und neues Leben … in den Südstaaten von U.S.A«. Zürcher Illustrierte, 10.6.1938, Nr. 24.
2 Nicht erhalten.
3 A. S. hielt sich zeitweise bei Anita Forrer (1901–1996) im Schloss Bothmar in Malans auf, die sie im Frühling 1938 in Sils kennengelernt hatte. Forrer wurde die Erbin des Nachlasses von A. S. und schenkte ihn 1980 der Schweizerischen Landesbibliothek (heute: Schweizerisches Literaturarchiv) in Bern.
4 Vermutlich »Plantagen im Süden – Sorgenkinder der U.S.A«. Siehe Anm. 4 zu Nr. 7.
5 A. S. nahm schon im Februar 1938 vor der Rückkehr aus den USA in die Schweiz wieder Morphium und unterzog sich im Mai einer Entziehungskur in der Chesa Dr. Ruppanner in Samedan, die sie unter ärztlicher Aufsicht bei Anita Forrer in Malans fortsetzte.
6 Siehe Anm. 6 zu Nr. 4.
7 A. S. reiste im September 1938 nach Prag, um über die dramatische politische Lage in der Tschechoslowakei wegen der Abtretung der sudetendeutschen Gebiete an Deutschland zu berichten.
8 Helene Fischer (1900–1978), Schweizer Reisefotografin und -journalistin. Veröffentlichte Bildreportagen aus Ländern wie Mexiko, Brasilien, Guatemala und Belgisch-Kongo in Zeitschriften wie »Zürcher Illustrierte« und »Atlantis«.

9 Helene Fischer, Bildbericht »Die mexikanischen Libellen-Fischer. V. Sonderbildbericht aus Zentralamerika«. Zürcher Illustrierte, 9.10.1936, Nr. 41.

10 Siehe Anm. 8 zu Nr. 6.

Anhang II

Nachwort

Wenn Frauen reisen und während der Reise professionell Menschen, Landschaften und Gegenstände fotografieren, werden sie im allgemeinen mit dem Etikett »Reisefotografinnen« bedacht. Reisende Männer, die ebenfalls professionell das gleiche tun, sind jedoch vor allem »Fotojournalisten«, da sie nicht nur aus Fernweh oder Sehnsucht nach einem unbestimmten Glück unterwegs sind, sondern auch mit dem Ziel, politisch-soziale Gegebenheiten in der Fremde zu dokumentieren. Weil Annemarie Schwarzenbach in den dreissiger Jahren des letzten Jahrhunderts mehrmals in Persien weilte, ihr dieses Land viel bedeutete und sie dort Fotografien machte, wird in der 1992 erschienenen Geschichte der Schweizer Fotografie ihr fotografisches Schaffen allgemein unter »Reisephotographie« bzw. unter dem Stichwort »Persien« behandelt.[1] Dabei nimmt Persien nur in ihrem literarischen Schaffen eine wichtige Stellung ein, in ihrem fotografischen hingegen nicht.

Im Kapitel »Der Photojournalismus« werden der bekannte Reisende und Fotojournalist Walter Bosshard sowie andere Fotografinnen und Fotografen als Vertreter einer »wissenschaftlich geprägten Bildberichterstattung aus fernen Ländern«[2] bezeichnet. Welche Fotografinnen und Fotografen? Wir wissen es schon: »In den dreissiger Jahren tauchen drei Frauen auf: Ella Maillart, Helene Fischer und Annemarie Schwarzenbach.«[3] Der einzige Satz über die Fotografinnen. Das Kapitel ist – natürlich – für die männlichen Fotografen reserviert; die Frauen wurden ja bereits im

Kapitel »Reisephotographie« abgehandelt. Doch schreibt dort Annemarie Hürlimann nicht, dass man Schwarzenbachs »Aufnahmen nicht als typische Reisebilder bezeichnen«[4] könne?

Trotzdem: An der Differenz Reisefotografie – Fotojournalismus wird im obenerwähnten Buch eisern festgehalten, als fürchtete man den Fotografinnenblick in einer männlichen Domäne. Es überrascht deshalb nicht, dass Guido Magnaguagno nur Fotografen wie Paul Senn, Gotthard Schuh, Hans Staub oder Theo Frey, welche die Schattenseiten der Schweiz in den dreissiger Jahren dokumentierten, als »Mitglieder« einer Art »schweizerischer ›Farm Security Administration‹« (FSA) aufzählt.[5]

FSA? War nicht Schwarzenbach als einzige Schweizer Fotografin zur Zeit der »Grossen Depression« im Süden der USA, und hat sie nicht die Fotografien der FSA an Ort und Stelle in Washington studiert? Sie hat sie dort derart intensiv studiert, dass ihr fotografischer Stil, zumindest in den Jahren 1936–1938, von der Methode der FSA-Dokumentarfotografie nachhaltig beeinflusst wurde. Vergleicht man Schwarzenbachs Amerika-Fotografien von 1937/38 mit denjenigen der heute weltberühmten FSA-Fotografinnen und -Fotografen wie Walker Evans, Dorothea Lange, Ben Shahn, Arthur Rothstein, Russell Lee oder Marion Post Wolcott, staunt man über die Ähnlichkeit in der Methode und im Stil, in der Wahl der Themen und Motive.

Schwarzenbachs sozialdokumentarische Amerika-Fotografien, ihre Bilder aus Danzig, den baltischen Staaten (1937), aus Österreich (1938) und einige Aufnahmen aus Afghanistan und Afrika (1939/1941) also »wissenschaftlich geprägte Bildberichterstattung aus fernen Ländern«[6]? Und Ella Maillarts Fotografien, zum Beispiel von einem Politprozess in Usbekistan 1932[7]? Oder Walter Bosshards oft hochpolitische Asienaufnahmen[8]? Die obenerwähnte Charakterisierung genügt für diese engagierte Fotografie eindeutig nicht, denn Nicht-Reisefotografen wie Paul Senn bei seiner Berichterstattung über den Spanischen Bürgerkrieg oder Gotthard Schuh bei seiner Reportage über das belgische Kohlengebiet arbeiteten ja ebenfalls »in der Ferne«.

Gerade Schwarzenbachs Amerika-Aufnahmen zeigen, dass auch sie in den USA die von Staub oder Senn in der Schweiz festgehaltene Armut und Arbeitslosigkeit fotografierte. Der vergleichbare fotografische Stil, die ähnliche fotojournalistische Arbeitsweise, die intensive Auseinandersetzung mit einem Thema, der freie Willen, es zu tun, ohne staatlichen Auftrag, rücken sie in die Nähe der beiden Fotografen und machen die künstliche Unterscheidung Reisefotografie – Fotojournalismus fragwürdig.

Reisen eben nicht nur als Akt des Aufbrechens in die Ferne, »Reisen« auch als bewegliche Recherche, als Engagement und Interesse für den Alltag von – oft benachteiligten – Menschen und von Situationen: diese »Haltung« nahmen Staub oder Senn ein in der Schweiz, Schwarzenbach und andere im Ausland. Bei einem solchen »Reisen« zählt nicht das Überschreiten von Grenzen, sondern das Aufbrechen zu neuen Denk-, Seh- und Verhaltensweisen.

Deshalb: Zu einer schweizerischen FSA gehören auch diejenigen Fotografinnen und Fotografen, die reisten und »reisten«: Walter Bosshard, Ella Maillart, Annemarie Schwarzenbach.

Als Schwarzenbach im Frühherbst 1936 erstmals in die USA reist, hat sie auf dem Gebiet der sozialdokumentarischen Fotografie noch nicht viel Erfahrung. Ihre bis dahin veröffentlichten Fotoreportagen aus Vorderasien sind vornehmlich im Stil der Reisefotografie gehalten. Was jedoch nicht heisst, dass sie zu jener Zeit kein Interesse an gesellschaftspolitischen und sozialen Fragen gehabt hätte. Im Gegenteil: Ihr Besuch des »Ersten Allunionskongresses der Sowjetschriftsteller« 1934 in Moskau mit Klaus Mann dient vor allem dazu, ihre Sympathien für gewisse sozialistisch-kommunistische Reformideen an der Praxis der sowjetischen Gesellschaft zu messen.[9] Sie interessiert sich in Moskau ausserdem sehr für das Denken und Handeln der Intellektuellen und (Exil-)Schriftstellerinnen und -Schriftsteller, ihre Stellung in der Gesellschaft, ihre Beziehung zur Partei und speziell für das Verhältnis zwischen Kunst und Politik. Einen starken Eindruck macht ihr der während des Kongresses gezeigte Dokumentarfilm »Misère au Borinage« von Joris Ivens über die Situation der Bergleute im belgischen Kohlengürtel[10]. Die Bilder und Tatsachen dieses Films müssen eindringlich an ihr soziales Gewissen appelliert haben. Dabei ist ihr bewusst, dass sie »genug Ablenkungen« hat, »um nicht Tag und Nacht an das Elend jener zu denken, die ihrerseits keine Ablenkungen haben, aber auch keine Möglichkeit einzugreifen«[11]. Gelegenheit, mit einem engagierten (Foto-)Journalismus »einzugreifen«, findet sie durch die Bekanntschaft mit der Fotojournalistin Barbara Wright in Persien 1935. Mit ihr, »einem begabten, von Ehrgeiz und Wissensdrang, tiefem Pessimismus und glühendem Lebenswillen besessenen Geschöpf«[12], tritt sie die Reise in Amerika an. Und trifft dort Zustände an, als wären sie aus Ivens' Film. Diesmal hören sie aber nicht auf wie am Ende des Films, gewähren auch keine »Ablenkungen«.

Amerika in den Jahren 1936–1938: Die Wirtschaftskrise, und damit verbunden Armut, Hunger und Arbeitslosigkeit, nach dem Börsenkrach 1929 ist nicht mehr so dramatisch wie in den frühen dreissiger Jahren. Mit dem sozialreformerischen Programm »New Deal« versucht die 1933 gewählte amerikanische Regierung unter Franklin D. Roosevelt, die Krise zu bewältigen. Meilensteine des »New Deal« sind die 1935 beschlossenen Sozialgesetze »Social Security Act« und »Wagner Act«, das den Arbeiterinnen und Arbeitern das Recht garantiert, sich durch die Gewerkschaft ihrer Wahl vertreten zu lassen. Die seit 1936 unabhängige, starke Gewerkschaft »Committee for Industrial Organization« (CIO) unter John L. Lewis, »einem Mann mit Machtwillen und Machtbefugnis«, »kämpft nicht für einen revolutionären Umsturz, sondern für die Legalisierung und Regelung der Arbeiter-Rechte«[13]. Durch die Zusammenarbeit des CIO mit den Kommunisten und den Einbezug der früher ausgeschlossenen schwarzen Arbeiterinnen und Arbeiter erlebt die Arbeiterbewegung in den USA einen ungeheuren Aufschwung. Die Konflikte zwischen Arbeiter- und Unternehmerschaft spitzen sich dadurch zu; der Streik wird ein wichtiges Kampfmittel.

Der »New Deal« als Gegensteuer zu einem hemmungslosen Wirtschaftsliberalismus erregt in konservativen Kreisen den Verdacht, »sozialstaatliche Massnahmen mit kommunistischer Tendenz«[14] durchsetzen zu wollen. In Wirklichkeit versucht er, die Rechte der Arbeitnehmerinnen und -nehmer zu stärken, ohne die unternehmerische Freiheit einschneidend zu beschränken. Dieser »Mittlere Weg«, »Kapital und Arbeit, Industrielle und Gewerkschaften unter einen demokratischen Hut zu bringen«[15], ist auch das Credo der Fabrikantentochter Schwarzenbach. Im amerikanischen »New Deal« erkennt sie die humane Umsetzung einiger ihrer gesellschaftlichen Reformideen, die ihr, aufgrund der Erfahrungen in der Sowjetunion 1934, vorschwebten.

»Photos als Dokumente«[16]: In den Fotografien der »Farm Security Administration« in Washington »entdeckt« Schwarzenbach das »andere Amerika«. Sie findet in diesen Aufnahmen die Bestätigung von Präsident Roosevelts Ausspruch aus dem Jahre 1937: »Ich sehe ein Drittel der Nation schlecht behaust, schlecht gekleidet und schlecht ernährt.«[17] Vermutlich durch Barbara Wright[18], bei deren Mutter Elizabeth Wright in Washington sie »wochen- und monatelang gelebt«[19] und in deren offenem Haus sie viele Gespräche über die politische Situation Amerikas geführt hat, lernt sie den Leiter der FSA, Roy Stryker, kennen. Eines der Projekte der 1935 unter dem Namen »Resettlement Administration« gegründeten staatlichen Organisation war die fotografische Dokumentation der gesellschaftlichen Misere mit der »einzigen Zielsetzung«: »zwei Drittel der Nation zur Hilfe für das verarmte Drittel zu bewegen und damit den ›New Deal‹ zu unterstützen«[20]. Gegen dreissig Fotografinnen und Fotografen schufen zu diesem Zweck von 1935 bis 1944 über eine Viertelmillion Aufnahmen. Mit diesen lassen sich die verschiedenen Facetten der Krise Amerikas wie in einem überdimensionierten Fotobuch erforschen.

Während die amerikanischen Fotografinnen und Fotografen im staatlichen Auftrag handeln, meistens nach konkreten Anweisungen Strykers, und für ihre Fotografien wenigstens einen sicheren Abnehmer kennen, das FSA-Archiv, fehlen bei Schwarzenbach diese Voraussetzungen. Einige Aufträge von Zeitungen und Zeitschriften liegen zwar vor, doch wie und weshalb eine Leserschaft in der Schweiz über etwas informieren, was sie in gemässigter Form selbst genug beschäftigt? Denn auch in der Schweiz ist in den Jahren 1936–1938 die Wirtschaftskrise noch nicht abgeklungen, welcher die Zeitungen und Zeitschriften natürlich mehr Beachtung schenken als der Misere im fernen Amerika. Ausserdem rückt seit 1936 immer mehr die Berichterstattung über den Spanischen Bürgerkrieg in den Mittelpunkt; der Faschismus in Deutschland und Italien sowie der Kommunismus in der Sowjetunion sind zudem »Dauerthemen«.

Und das Thema »Amerika«? Blättert man einige Schweizer Zeitungen und Zeitschriften aus den dreissiger Jahren durch, fällt auf, dass die Amerika-Berichterstattung vielfach aus Agenturberichten besteht. Sind es Berichte aus erster Hand, dann Informationen über die politische Situation aus Washington, oder die Texte werden dominiert von den klassischen Amerika-Mythen »Sport, Film und Gangster«. Viel Klatsch, aber fast keine vor Ort recherchierten Sozial- und Fotoreportagen. Natürlich gibt es ausserhalb der Schweiz die Schwarzenbach sicher bekannte »Arbeiter

Illustrierte Zeitung«, die über die Krise in den USA schon früh berichtete. Aber auch die dort veröffentlichten Fotoreportagen verwenden meistens Bildmaterial aus zweiter Hand. Für Schwarzenbachs Vorhaben, in den USA an Ort und Stelle über die gesellschaftliche Misere zu recherchieren und in Bild *und* Text sozialdokumentarisch darüber zu berichten, gibt es also praktisch keine Vorbilder.

Und Egon Erwin Kisch, der Amerika 1928 bereiste und ein Jahr später darüber sein berühmtes Buch »Paradies Amerika« veröffentlichte? Bei ihm sind die obengenannten Mythen oder Klischees ebenfalls vertreten; daneben gibt es aber auch die für Schwarzenbach sicher wichtigen Reportagen über die Bedingungen in Gefängnissen oder in den Ford-Werken[21]. In seinem Buch weht jedoch immer noch ein Lüftchen Abenteuergeist; der Stil ist subjektiv, vielfach ironisch und gebrochen, durch die Verwendung eines Alter ego, »Doktor Becker«, zum Beispiel. Hauptschauplätze bei ihm sind New York und Hollywood; die Schweizerin hingegen will möglichst objektiv und dokumentarisch über die Zustände »jenseits von New York« berichten. Und Kisch war noch *vor* der Grossen Depression in den USA gewesen, und dort *nicht* im Süden.

In den USA selber kann sich Schwarzenbach hinsichtlich der Fotografie methodisch an den FSA-Bildern orientieren. Hingegen gab es zur Zeit ihres Aufenthaltes in der (foto-)journalistischen Berichterstattung zum Thema Krise und speziell Armut im Süden eigentlich nur das 1937 erschienene Buch »You Have Seen Their Faces« von der Fotografin Margaret Bourke-White und dem Schriftsteller Erskine Caldwell. Schwarzenbach hat es vielleicht gekannt; die etwas voyeuristischen Fotografien und der manchmal aufgesetzt wirkende Text entsprachen sicher nicht ganz ihren Vorstellungen. (Das heute berühmte Buch »Let us now Praise Famous Men« von James Agee und Walker Evans wurde erst 1941 publiziert.)

Schwarzenbach tastet sich an das Thema heran, indem sie die ersten vier Ende 1936 und Anfang 1937 in der »Zürcher Illustrierten« veröffentlichten Reportagen noch mit Bildmaterial aus dem FSA-Archiv illustriert[22]. Und beim ersten USA-Aufenthalt besucht sie nur die östlichen Industriegebiete – für den Süden, das aktuellste »Kampffeld der amerikanischen Arbeiterbewegung«[23], ist sie noch nicht bereit. Bei den während dieser Reise entstandenen reportageähnlichen Feuilletons »Jenseits von New York« und »Unbekanntes Washington« überwiegt denn auch noch ein impressionistischer, lyrischer Stil. Fährt sie im ersten Text quasi noch an der »traurig-unmenschlichen Landschaft« vorbei, macht sie im zweiten mit dem Wagen in der »Strasse Nr. 2« in Washington immerhin schon halt und nimmt journalistisch diese »andere Welt« ins Visier. Diese »andere Welt« – die der Armut, Arbeitslosigkeit, der Elendsquartiere der Schwarzen und Weissen, der Industriegebiete und -werke – legt sich dann aber auf der Reise nach Pittsburgh wie Kohlenstaub auf den schlackenlosen Feuilletonstil. Und zeigt Wirkung bis in die Schreibweise der entsprechenden Reportage: die eher beschwörende, um die Tatsachen schwebende Darstellung weicht in der »neuen« Reportageform einer sachlichen, knappen und direkten. Was sich nicht ändert, ist die atmosphärische Dichte. »The hard, bitter reality«[24] verlangt zudem genaue Wahrnehmungen und Beschreibungen, Objektivität; das »Ich« soll vor allem Sprachrohr für die – oft sprachlosen – Entrechteten und Benachteiligten sein. Es stellt sich ganz in den Dienst der Sache, nimmt engagiert Partei für die weissen und schwarzen Opfer der Krise. Etwas seltsam ist nur, wie die Schweizerin, auch später im Süden, fast vorbehaltlos die Methoden und Ziele des »New Deal« und der FSA unterstützt, als wäre sie in deren Auftrag unterwegs und nicht für Schweizer Zeitungen …

Die ersten wichtigen Fotografien macht Schwarzenbach auf der Rückreise von Pittsburgh in Scotts Run, »allgemein für seine Armut und seine Bergarbeiterstreiks bekannt«.[25] Sie wandelt an diesem Ort buchstäblich in den »fotografischen Fussstapfen« von Walker Evans und Ben Shahn, die vorher schon dort gearbeitet haben. Nach ihr wird auch Marion Post Wolcott Scotts Run »unter die Lupe« nehmen.

Wie wählen Schwarzenbach und Wright ihre Reportageziele aus? Wie und durch wen knüpfen sie vor und während der Reise Kontakte zu den für sie wichtigen Leuten, wie zu dem in den Texten mehrfach erwähnten CIO-Organisator Myles Horton? Wie und durch welche Informationen und Lektüre bereiten sie sich vor? Wichtigster Kontaktmann und Ratgeber ist sicherlich der »alte Freund« Roy Stryker von der FSA. Im Fall Scotts Run und dann auch im Süden sieht man, dass die beiden Frauen oft den Spuren der FSA-Fotografen bzw. deren Fotos folgen, die sie in den Kartotheken im FSA-Archiv gesehen haben. Punkto (Reise-) Vorbereitungen und Arbeitsweise trifft die diesbezügliche

Aussage von Marion Post Wolcott grösstenteils auch auf die beiden Frauen zu: »Work must be planned, routes and trips mapped out. Reading material on a particular job, region, or problem to be absorbed. Local newspapers to be looked through, telegrams sent. Contacts made and various arrangements for following day's work.«[26]

Doch die geplante Reise in »the wilds of the South«[27] erfordert noch anderes: keine auffallende weibliche Kleidung, wenn möglich Begleitung und natürlich Mut. Während Schwarzenbach und Wright, auch durch das Tragen von Hosen und kurzen Haaren, diese Voraussetzungen erfüllen, musste sich die nach ihnen in den Süden aufbrechende Post Wolcott wegen ihrer zu auffallenden weiblichen Kleidung und der damit verbundenen Probleme von Roy Stryker schelten lassen. Als allein im Süden herumreisende Frau hatte sie sich zudem mit diversen Schwierigkeiten auseinanderzusetzen: »People often mistrust any young girl who drives alone around the country [...] They become particularly suspicious if she goes out alone in the evening, since it is not customary in their town. [...] Sometimes when one does go out alone, one is bothered by males who think one is a ›pick-up‹. [...] In hotels a single girl, traveling alone, ist often annoyed. Men may bribe the bell boys or clerk to find out her name or room number, or they may watch which room she goes to. There are the insistent drunks who keep phoning to get you to come to a party, or come to your door to apologize for the noise.«[28] Margaret Bourke-White und Dorothea Lange dagegen wurden auf ihren Reisen im Süden von ihren Ehemännern begleitet. Stryker wies Post Wolcott noch auf ein anderes Problem im Süden hin: »negro people are put in a very difficult spot when white women attempt to interview or photograph them.«[29]

Nichtsdestotrotz: Schwarzenbach und Wright brechen im November 1937 auf mit »einem Ford 8, zwei Rolleiflex-Kameras«, »um herauszufinden, was heute im amerikanischen Süden vorgeht«[30]. Vor ihnen öffnet sich die »›Dixie Line‹, die Strasse nach Süden, Maisfelder, rohes, vom Pflug vergessenes Land, von Erosion zerfressene Hügel, weisse Bollen der ersten Baumwollfelder, zerfallene Farmhütten, ein Paar Maultiere, schlafender Neger auf dem zweirädrigen Karren – und am erlöschenden Horizont steigen Funkengarben aus einem neuen Fabrikschlot …«[31] Während mehrerer Wochen reisen sie durch die Staaten Virginia, Tennessee, Alabama, Georgia, South und North Carolina. Sie besuchen Plantagen, Fabriken, Gefängnisse, Arbeiterschulen und -siedlungen etc. Schwarzenbach erfährt dabei »einiges von der harten, grausig-rohen und doch wieder ›smarten‹ Realität des Kampfes, der sich hier zwischen Plantagensystem und Industrialisierung, Neger-Vorurteilen und billigen Löhnen, faschistischen Methoden und proletarischer Zukunft abspielen [eigtl. abspielt]«[32].

Wie wichtig die Beziehungen zu Aktivisten wie Myles Horton im Süden waren, beweisen die Notizen und die Reportage über Lumberton. Vermutlich durch einen Hinweis von Horton, der in diesem Städtchen als Gewerkschaftsorganisator tätig gewesen ist, werden Schwarzenbach und ihre Freundin auf diesen Ort aufmerksam und können dank Empfehlungsbriefen von ihm dort recherchieren. Die Zustände in den Textilfabriken und Arbeiterhäusern spotten jeder Beschreibung, und doch will Schwarzenbach sie beschreiben. Aufgrund der umfangreichen Notizen zu diesem Thema[33] erkennt man, wie intensiv und gut recherchiert die Vorarbeiten sein mussten, damit die Arbeitsabläufe und -kämpfe sprachlich genau festgehalten werden konnten. Basierend auf einer Chronologie der Ereignisse und auf einer ersten handschriftlichen Fassung, geht der letztlich gedruckten Fassung der Reportage noch eine maschinenschriftliche in Form von Notizen[34] voraus. Der Vergleich dieser Vorstufe mit der Druckfassung zeigt die Verwandlung der registrierend-additiven Schreibweise in eine dokumentierend-analysierende mittels Verdichtung, Weglassung von Nebensächlichem und fragwürdigen Charakterisierungen von Leuten wie »Haufen Elend«.

In Schwarzenbachs Amerika-Reportagen bestechen manche Passagen durch den Blick der Reisejournalistin für die Atmosphäre der oft zerstörten (Industrie-)Landschaften als Spiegelbild der demoralisierten Bewohnerinnen und Bewohner. Im Süden werden ihre Wahrnehmungen bewusster und schärfer: Noch in »Unbekanntes Washington« wird der »schwermütige Gesang« der Schwarzen, etwas klischeehaft, als »Kriegsgesang aus dem Dschungel und inbrünstige Frömmigkeit«[35] beschrieben. Im Süden wird derselbe Gesang dagegen in einen gesellschaftspolitischen Kontext gestellt: »Sonntags sind die Kirchen überfüllt. Die Neger singen schwermütig und inbrünstig. Sie glauben an das Paradies. Sie verwechseln das Paradies mit dem, was ihnen einst in der Stadt Birmingham versprochen wurde.«[36] Und immer mehr kommen in den Südstaaten-Berichten die Betroffenen selber zu Wort, was den Texten Authentizität verleiht. Ausserdem ist erstmals einer ganz dem Kampf einer Frau gewidmet: dem der furchtlosen Arbeiterin und Gewerkschafterin Aline Bryant.[37]

Selbst Thomas Mann fühlte sich von einem »gut und klar« formulierten Südstaaten-Aufsatz Schwarzenbachs angesprochen. Der Text sei »von einem sehr prononcierten Standpunkt aus gesehen und geschrieben, stark sozialistisch und mit Roosevelt sympathisierend«[38]. Gerade diese Haltung der »gewiegten Revolutionärin und Kommunistin«[39] Schwarzenbach wirkte erschwerend auf die Publikationsmöglichkeiten ihrer Amerika-Berichte in den Schweizer Zeitungen und Zeitschriften. Neben der arbeiterorientierten »Zürcher Illustrierten«[40] und der kurzlebigen linken »ABC«[41] standen als Hauptabnehmerinnen der Texte nur noch die liberalen Blätter »Weltwoche« und »National-Zeitung«[42] zur Verfügung. Aber sogar dem dortigen Feuilletonchef, Otto Kleiber, waren die Südstaaten-Reportagen wie »In den Cumberland-Bergen« oder »Baumwollkrise in Alabama« mit zuviel »wirtschaftlichem Material belastet«; er wollte sie »feuilletonistischer«[43]. So genau und »prononciert« wollte man es im Feuilleton dann doch nicht wissen.

Und bei jedem publizierten Text in den letztgenannten zwei Zeitungen schrieb Schwarzenbach gegen die vernichtende Pressekritik ihrer Mutter an! Für sie war die »Weltwoche« ein »unmögliches Blatt« und die »National-Zeitung« ein »solch hetzendes Blatt, voller Unrichtigkeiten – einseitig eingestellt – unschweizerisch«.[44]

Klaus Mann in seiner New Yorker Hotel- und Partywelt[45] war hingegen von der Südstaatenreise seiner Freundin so beeindruckt, dass er mit dem Gedanken spielte, im entstehenden Roman »Der Vulkan« »seine Romanfigur Marion der Route Annemarie Schwarzenbachs folgen zu lassen«[46].

Natürlich ist Schwarzenbach nicht die erste Frau, die sozialdokumentarische Fotografien gemacht hat. Schon aus den zwanziger Jahren gibt es diesbezügliche Aufnahmen, zum Beispiel von Tina Modotti, oder aus den frühen dreissiger Jahren solche von Edith Tudor-Hart.[47] Und im Süden der USA haben neben der amerikanischen Fotografin Doris Ulmann Ende der zwanziger Jahre noch vor Schwarzenbach Berenice Abbott, Dorothea Lange und Margaret Bourke-White in diesem fotografischen Stil gearbeitet.

Bourke-Whites – formal hervorragende – Bilder[48] konnten für Schwarzenbach kein Vorbild sein, weil deren Haltung nicht ihrem fotojournalistischen Credo entsprach. Zu oft wird eine sogenannt gute Aufnahme auf Kosten der abgebildeten Menschen gemacht, indem, zugunsten des Sensationellen, deren Armut und körperliche Schäden fast rücksichtslos entblösst werden. F. Jack Hurley interpretiert den Unterschied zwischen dem manchmal fragwürdigen Vorgehen von Bourke-White und Caldwell bei der Realisierung ihres Buches[49] und der Methode der FSA-Fotografinnen und -Fotografen so: »There was no attempt to postulate programs for change. Unlike the FSA photographers, Caldwell and Bourke-White remained essentially Olympian, observers of problems yet rather unconcerned about the possibilities of reform.«[50]

Veränderung, Verbesserung der sozialen Situation der Benachteiligten – die FSA wollte mit ihren Bildern gerade dazu beitragen. Um diese besondere Wirkung ihrer Arbeiten zu erreichen, sollten die FSA-Fotografinnen und -Fotografen deshalb mehr als »blosse Kamera-Handhaber« sein, sie »stellen eine Mischung von Journalist, Anthropologe und Künstler«[51] dar. Gefordert war eine fotografische Methode der Distanz und Sachlichkeit, auch im Umgang mit den zum Thema erkorenen Leuten selber. Denn die Armut zum Beispiel durfte nicht übertrieben und ekelerregend im Sinne der Abschreckung festgehalten werden, da ja die Aufnahmen bei den wirtschaftlich bessergestellten Leuten Verständnis erwecken und an ihre Hilfsbereitschaft appellieren sollten.

Vor allem die Ärmsten der Armen scheinen vielfach an eine Hilfe durch die fotografische Dokumentation ihrer elenden Lage geglaubt zu haben.[52] In Lumberton verknüpft Schwarzenbach den therapeutischen Zweck dieser Art Fotografie jedoch mit einer Voraussetzung: »›Dokumentar-Photographie‹ nennt man das, Realität, Beweis – aber wie, wenn die Leute selbst ihre Lage nicht realisieren?«[53] Walker Evans dagegen konnte sich eine konkrete gesellschaftliche Wirkung seiner Aufnahmen nicht vorstellen: »Gegen die Armut kann man auf diese Weise überhaupt nichts ausrichten, das ist zu naiv.«[54]

Über die Form von Schwarzenbachs fotografischer Arbeitsweise in Amerika gibt es praktisch keine Selbstzeugnisse.[55] Die Charakterisierung der dokumentarfotografischen Methode durch den amerikanischen Fotografen Aaron Siskind, der in den dreissiger Jahren in New Yorks Harlem eindrückliche Aufnahmen gemacht hat, trifft jedoch, mit

Abstrichen, auch auf die ihre zu: »Producing a photographic document involves preparation in excess. There is first the examination of the project. Then the visits to the scene, the casual conversations, and more formal interviews – talking, and listening, and looking, looking. You read what's been written, and dig out facts and figures for your own writing. Follow the discussion to arrive at a point of view and its crystallization into a statement of aim. And finally, the pictures themselves, each one planned, talked, taken, and examined in terms of the whole.«[56]

Doch wie geht Schwarzenbach beim Fotografieren im Süden konkret vor? Wie wählt sie ihre »Objekte« aus? Wie erlangt sie die Erlaubnis der Leute, sie zu fotografieren? Indem sie ihnen vielleicht Geld gibt wie Walker Evans den von ihm porträtierten drei Pächterfamilien in Alabama? Und nimmt sie beim Fotografieren sogar Veränderungen in der Umgebung der porträtierten Leute vor, wie Evans das zwecks grösserer dokumentarischer Wahrheit und Schönheit getan haben soll?[57]

Wir wissen es nicht. Uns bleiben »nur« ihre Fotografien. Schauen wir sie an, dann erkennen wir punkto Stil bei ihren besten Bildern, wenn auch nicht in so perfekter Form, was Armin Zweite bei Walker Evans' Fotografien wahrnimmt: »sozialdokumentarische Treue und ästhetische Strenge, nüchterne Sachlichkeit«[58]. Auffallend in der Optik sind bei manchen Aufnahmen die Frontalität der Ansicht und die normale Augenhöhe. Und meistens nimmt Schwarzenbach das Gegenüber ruhend auf, nur gelegentlich in Bewegung. Die Aufnahmen wirken trotz des Posierens der Leute selten gestellt und diese vom Fotografieren nicht sehr überrascht oder verärgert.

Es ist verblüffend, wie Schwarzenbachs Amerika-Fotografien auch das Themenrepertoire der FSA-Fotografinnen und -Fotografen durchspielen. So erfasst sie fotografisch vor allem die sozial und gesellschaftlich Benachteiligten und ihre oft inhumanen Lebens- und Arbeitsbedingungen. Ihre Bilder dokumentieren den Alltag dieser Menschen: bei der Arbeit, als Arbeitslose oder zu Hause; zeigen sie vor oder neben ihren Häusern, die manchmal ebenso »schütter« sind wie die Moral der Bewohnerinnen und Bewohner. Sie konfrontiert die Leute mit verführerischen Werbetafeln, fotografiert Schaufenster, Kinoplakate und andere Gegenstände. Ausserdem Bauwerke, Industriegebäude, Automobile und deren Ende: der Autofriedhof. Und hat auch noch ein Auge für die »nutzlose« Schönheit eines Schattenspiels von einer Feuerleiter.

Diese Verwandtschaft mit den Fotografinnen und Fotografen der FSA bedeutet nun nicht, dass Schwarzenbach nicht auch von deren schweizerischer Variante – den Bildern der Senn, Staub oder Schuh – beeinflusst worden wäre. Als Mitarbeiterin der »Zürcher Illustrierten« kannte sie natürlich viele Aufnahmen dieser und anderer Schweizer Fotografinnen und Fotografen und hat für die »ZI« mit Gotthard Schuh sogar einmal zusammengearbeitet.[59]

Viele von Schwarzenbachs Amerika-Fotografien erzählen trotz ihrer bildnerischen Klarheit eigene, verschlungene Geschichten, sind nicht nur Illustrationen zu ihren Reportagen. Beide – Bilder und Texte – sind in der konsequenten Interpretation und Gestaltung *eines* Themas – der Schattenseite Amerikas – sicher der Höhepunkt in ihrem (foto-)journalistischen Schaffen. Es ist deshalb erstaunlich, dass gerade die Fotografien fast alle unpubliziert blieben und nur einige wenige in einer Fotoreportage veröffentlicht wurden.[60] Doch das Amerika-Thema spielte bei der Rückkehr Schwarzenbachs in die Schweiz im Frühjahr 1938 in der »Zürcher Illustrierten« zum Beispiel, auch angesichts des Einmarsches der Nazis in Österreich und der aufkommenden »Geistigen Landesverteidigung«, nur noch eine Nebenrolle.

Mehr als 15 Jahre nach Schwarzenbach macht wieder ein Schweizer Fotograf die »andere Seite« Amerikas zum Thema seiner Fotografien: Robert Frank. Seine Bilder sind trotz ähnlich düsterem Grundton stilistisch und methodisch völlig anders als die ihren. Der radikale, subjektive Blick Franks nimmt die »Schattenseiten«, auch in den Südstaaten, an bei Schwarzenbach noch undenkbaren Orten wahr: zum Beispiel im Bahnhofpissoir in Memphis, Tennessee, als tristem Arbeitsort eines schwarzen Schuhputzers.[61]

Und Amerika heute? Sind die (Foto-)Reportagen Schwarzenbachs nur noch Dokumente einer vergangenen Krisenzeit und Problematik? Die Rassenunruhen in Los Angeles und an anderen Orten in den USA oder die lange Aussperrung von etwa 2000 Arbeiterinnen und Arbeitern aus dem »Ravenswood Aluminum Corporation«-Werk in West Virginia[62] widersprechen dem und zeigen, dass auch heute noch in diesem Land die Recherchen von mutigen (Foto-)Journalistinnen und -Journalisten gefragt sind. So kann uns denn der Schluss, welchen der Schriftsteller Jürg Weibel aus Erfahrungen bei einer Südstaaten-Reise zog, nicht überraschen: »Die offene Segregation, die bewusste Diskriminierung [der Schwarzen] mag abgeklungen sein, aber die soziale Segregation besteht weiter.«[63]

Zürich, Juni 1992 / August 2018 *Roger Perret*

Anmerkungen

1 Siehe »Photographie in der Schweiz von 1840 bis heute«. Hg. von der Schweizerischen Stiftung für die Photographie, Bern, Benteli Verlag 1992, S. 114, 118–120, 180.
2 »Photographie in der Schweiz«, S. 180.
3 »Photographie in der Schweiz«, S. 180.
4 »Photographie in der Schweiz«, S. 119.
5 »Photographie in der Schweiz«, S. 182. Magnaguagno erwähnt neben den genannten Fotografen auch noch Werner Bischof, Hans Peter Klauser, Hans Baumgartner, Jakob Tuggener, Walter Läubli und Albert Steiner.
6 Siehe Anm. 2.
7 Siehe Ella Maillart, »La vie immédiate. Photographies«. Textes de Nicolas Bouvier, Lausanne, Editions 24 heures 1991, S. 50–53.
8 Siehe Peter Pfrunder, Verena Münzer, Annemarie Hürlimann, »Fernsicht. Walter Bosshard – ein Pionier des modernen Photojournalismus«. Hg. von der Schweizerischen Stiftung für die Photographie in Zusammenarbeit mit dem Archiv für Zeitgeschichte, ETH Zürich. Vorwort von Hugo Loetscher, Bern, Benteli Verlag 1997 (= Band 13 der Reihe »Schweizer Photographie«).
9 Siehe Annemarie Schwarzenbach (A. S.), »Notizen zum Schriftstellerkongress in Moskau«. Auf der Schattenseite (AS 1990). Ausgewählte Reportagen, Feuilletons und Fotografien 1933–1942. Hg. von Regina Dieterle und Roger Perret. Mit einem Nachwort von Regina Dieterle, Basel, Lenos Verlag 1990, S. 35–62.
10 Siehe A. S., »Notizen zum Schriftstellerkongress in Moskau«. AS 1990, S. 55–57, 365f. (Anm. zu S. 55).
11 »Notizen zum Schriftstellerkongress in Moskau«. AS 1990, S. 46.
12 A. S., »Amerikanisches Tagebuch: II. Von New York nach Washington«, Typoskript, 17.6.1940 (zweiter Artikel der dreiteiligen Serie »Amerikanisches Tagebuch«), Nachlass A. S., Schweizerisches Literaturarchiv (SLA), Bern. Kein Nachweis einer Veröffentlichung. Zu Barbara Wright siehe Anm. 18.
13 A. S., »Amerika kämpft um den Bestand der Demokratie«, Typoskript, [Dezember 1937], Nachlass A. S., Schweizerisches Literaturarchiv (SLA), Bern. Kein Nachweis einer Veröffentlichung.
14 Zit. nach »Amerika. Traum und Depression 1920/40«. Katalog zur Ausstellung der Neuen Gesellschaft für bildende Kunst, Berlin, Akademie der Künste 1980, S. 314.

15 A. S., »Amerikanisches Tagebuch. II. Von New York nach Washington«. Siehe Anm. 12.
16 A. S., »›Bilder als Dokumente‹: die Zeitschrift ›Life‹«. AS 1990, S. 14f.
17 Zit. nach »Amerika. Traum und Depression 1920/40«, S. 314. Siehe Anm. 14.
18 Die Fotografin und Journalistin Barbara Wright war im Rahmen des Fotoprogramms der FSA bis Anfang der vierziger Jahre des letzten Jahrhunderts u. a. für die »National Youth Administration« tätig. Anfang der fünfziger Jahre zog sie mit ihrem Ehemann nach England. Über ihr weiteres Schicksal ist nichts bekannt.
19 A. S., »Amerikanisches Tagebuch. II. Von New York nach Washington«. Siehe Anm. 12.
20 Robert J. Doherty, Jr., »USA–FSA. Bilddokumente der grossen amerikanischen Depression aus der Sammlung der Farm Security Administration«. camera, Luzern, Oktober 1962, Nr. 10, S. 9.
21 Siehe die Reportagen »Käfige in Käfigen, die in Käfigen stecken«, »Gefängnisse auf einer Insel im East River« oder »Bei Ford in Detroit« in: Egon Erwin Kisch, »Paradies Amerika«, Berlin/Weimar, Aufbau-Verlag 1984, S. 24–28, 59–64, 259–266.
22 Bildberichte: »Arme Amerikaner«, 30.10.1936, Nr. 44; »Roosevelt-Wähler ...«, 6.11.1936, Nr. 45; »Die Wüste wächst in USA? ...«, 4.12.1936, Nr. 49; »König Baumwolle ... und seine Untertanen in USA ...«, 22.1.1937, Nr. 4.
23 A. S., »Nordamerikanisches – das Drama der amerikanischen Südstaaten«. Mass und Wert. Zweimonatsschrift für freie deutsche Kultur, Zürich, März/April 1939, Heft 4, S. 537.
24 Das Zitat entstammt einer Ausstellungsbesprechung der Kunstkritikerin Elizabeth McCausland aus dem Jahr 1938 und bezieht sich auf FSA-Fotografien. Zit. nach F. Jack Hurley, »Portrait of a Decade. Roy Stryker and the Development of Documentary Photography in the Thirties«, New York, Da Capo Press 1977, S. 134.
25 Zit. nach »Amerika. Traum und Depression 1920/40«, S. 328. Siehe Anm. 14.
26 Zit. nach F. Jack Hurley, »Marion Post Wolcott. A Photographic Journey«, Albuquerque, University of New Mexico Press 1990, S. 82.
27 Brief von Roy Stryker an Marion Post Wolcott, 13.1.1939. Zit. nach F. Jack Hurley, »Marion Post Wolcott«, S. 36.
28 Zit. nach F. Jack Hurley, »Marion Post Wolcott«, S. 81.
29 Brief von Roy Stryker an Marion Post Wolcott, 14.7.1938. Zit. nach F. Jack Hurley, »Marion Post Wolcott«, S. 31.
30 A.S, »Ein Artikel macht Sensation«. AS 1990, S. 145.

31 A. S., »Roter Backstein und weisse Säulen«. National-Zeitung, 30.11.1937, Nr. 557 (erster Artikel der fünfteiligen Serie »Dixie Line – der Weg des amerikanischen Südens«. National-Zeitung, 30.11.1937–25.1.1938).

32 Brief an Klaus Mann, 10.11.1937. Siehe Brief Nr. 3, S. 246ff., und Anm. 45.

33 Siehe die Texte zum Themenkomplex »Lumberton« im Nachlass A. S. im Schweizerischen Literaturarchiv (SLA) in Bern. Zu den Notizen gehören auch ein Exposé zum geplanten Artikel in der Zeitung »ABC« sowie ein Text und Legenden zu – teilweise im Nachlass nicht vorhandenen – Fotografien, die für eine unbekannte französischsprachige Publikation gedacht waren.

34 Siehe A. S., »Lumberton. Notizen«, S. 206–216.

35 A. S., »Unbekanntes Washington«, S. 29–35.

36 A. S., »Die Stadt des unaufhörlichen Versprechens«, S. 185–190.

37 A. S., »Wie lebt Aline Bryant, Textilarbeiterin?«, S. 169–173.

38 Brief von Thomas Mann an Ferdinand Lion, 25.8.1938. (Zit. nach Th. Mann, »Briefe«. Hg. von Erika Mann. Band 2: 1937–1947, Frankfurt a.M., Fischer Verlag 1963, S. 55f.
Th. Mann setzt sich in diesem Brief für die Publikation des Aufsatzes »Nordamerikanisches. Das Drama der amerikanischen Südstaaten« von A. S. ein, nachdem dieser zuerst vom Redaktor der Zeitschrift »Mass und Wert«, Ferdinand Lion, wegen seines »vorwiegend informatorischen Charakters« (Th. Mann) abgelehnt wurde. Siehe auch Anm. 23.

39 Diese in einem anderen Kontext gemachte, etwas ironische Charakterisierung von Erika Mann findet sich in einem Brief an Klaus Mann, 1.2.1937. Abschrift im Besitz des Hg.

40 Siehe die Briefe an Arnold Kübler, Chefredaktor der »Zürcher Illustrierten«, Nr. 1–2, 4–6, 8, S. 243ff., 249–256, 259ff., und Anm. zu Nr. 1, S. 262.

41 Siehe die Briefe an Arnold Kübler, Nr. 5–6, S. 251–256, und Anm. 3 und 4 zu Nr. 5, S. 265.

42 Zur »Weltwoche« siehe Nachwort von Regina Dieterle. AS 1990, S. 350 (Anm. 2). Die »National-Zeitung« veröffentlichte von allen Zeitungen die meisten Amerika-Berichte von A. S.

43 Siehe Brief Nr. 7 an Otto Kleiber, 10.3.1938, S. 257f.

44 Brief von Renée Schwarzenbach an Ernst Merz, 11.8.1937. Siehe Anm. 5 zu Brief Nr. 5, S. 265.

45 A. S. versuchte mehrmals, Klaus Mann zum Mitkommen auf eine ihrer Reportagefahrten zu bewegen. Siehe Brief Nr. 3 an Klaus Mann, 10.11.1937, S. 247: »Manchmal wünschte ich doch, Du wür-

dest einmal mitfahren – weil uns vieles, was sich hier vorbereitet, direkt angeht, und weil es Zukunft bedeutet. Selbst die kommunistischen Führer – eben sass ich mit dreien zusammen – sind hier unten aus anderem Stoff als in N.Y. –«

46 Fredric Kroll, »Trauma Amerika. 1937–1942«, Wiesbaden, Edition Klaus Blahak 1986 (= Klaus-Mann-Schriftenreihe, Hg. von Fredric Kroll, Band 5), S. 14; Klaus Mann, »Der Vulkan. Roman unter Emigranten«, Amsterdam, Querido Verlag 1939.

47 Zu erwähnen ist hier auch die aus Deutschland stammende Fotografin Hansel Mieth, die 1930 nach den USA auswanderte und ab 1937 für die Zeitschrift »Life« arbeitete. Ihre sozialdokumentarischen Aufnahmen von Wanderarbeitern und Arbeitslosen zum Beispiel erinnern stilistisch an die FSA-Fotografien. Siehe »Simple Life. Hansel Mieth – Otto Hagel. Fotografien aus Amerika 1929–1971«. Hg. von der Stadt Fellbach, Stuttgart, Schmetterling Verlag 1991.

48 Siehe Erskine Caldwell/Margaret Bourke-White, »You Have Seen Their Faces«, New York, Viking Press 1937.

49 Siehe Anm. 48.

50 F. Jack Hurley, »Portrait of a Decade«, S. 137. Siehe Anm. 24.

51 Robert J. Doherty, Jr., »USA–FSA«, S. 10. Siehe Anm. 20.

52 Siehe Brief von Marion Post Wolcott an Roy Stryker, 28./29.7.1940: »Most of them [the ›extremely poverty stricken people‹] don't object too strenuously or too long to a photographer or picture. They believe it may help them ... But these prosperous farmers and ›middle clawses‹ – they will have none of it. They are all ›agin‹ the government and the agricultural program and much of the FSA.« Zit. nach F. Jack Hurley, »Marion Post Wolcott«, S. 85. Siehe Anm. 26.

53 »Lumberton. Notizen«, S. 206–216.

54 Zit. nach »Amerika. Traum und Depression 1920/40«, S. 322. Siehe Anm. 14.

55 Der einzig bekannte Text von A. S., der Fotografie gewidmet, ist »›Bilder als Dokumente‹: die Zeitschrift ›Life‹«. AS 1990, S. 14f.

56 Aaron Siskind, »Harlem. Photographs 1932–1940«, Washington, Smithsonian Institution Press 1990, S. 4.

57 Vgl. das Kapitel »›An Art for All That‹: Walker Evans and Documentary Photography« in: James Curtis, »Mind's Eye, Mind's Truth: FSA Photography Reconsidered«, Philadelphia, Temple University Press 1989, S. 21–44.

58 Zit. nach »Walker Evans – Amerika. Bilder aus den Jahren der Depression«. Hg. von Michael Brix und Birgit Meyer, München, Schirmer/Mosel 1990, S. 11.

59 A. S., »Schweizer bekennen ... Bildbericht von der ersten nationa-

len Tagung der Oxford-Gruppe im Comptoir Suisse in Lausanne am 17. und 18. April«. Fotos: Gotthard Schuh. Zürcher Illustrierte, 23.4.1937, Nr. 17.

60 A. S., »Das Drama im amerikanischen Plantagen-Gürtel«. Zürcher Illustrierte, 10.6.1938, Nr. 24, und AS 1990, S. 159–163.

61 Siehe »Die Amerikaner. Photographien von Robert Frank«. Einleitung von Jack Kerouac, Zürich, Ex Libris 1986, S. 112.

62 Siehe Josef Lang, »Ravenswood vs. Marc Rich«. Die WochenZeitung, 6.3.1992, Nr. 10.
Die im November 1990 in Gang gesetzte Aussperrung fand erst im Juni 1992 ein Ende. Dieser Arbeitskampf enthielt noch zusätzlichen Zündstoff, weil das Aluminiumwerk dem in der Schweiz wohnhaften, von der US-Justiz gesuchten Marc Rich gehören soll.

63 Siehe Jürg Weibel (Text)/Eduard Gysin (Fotos), »Brennt Mississippi noch? Beobachtungen im amerikanischen Süden«. Neue Zürcher Zeitung, 16./17.12.1989, Nr. 289.

Quellennachweis

Bei jedem Text werden die Quelle, der Erstdruck (E bzw. EB = in Buchform), der Nachdruck (N) sowie die Druckvorlage (D) angegeben. Notiert wird, ob als Druckvorlage ein Manuskript (M) oder Typoskript (T) ist. Texte ohne Publikationsnachweis sind unveröffentlicht, oder es wurde keine Veröffentlichung ermittelt. Vermerkt wird die durch Annemarie Schwarzenbach selbst vorgenommene Datierung der Manu- und Typoskripte. Datierungen undatierter Texte durch das Schweizerische Literaturarchiv (SLA) oder durch den Herausgeber stehen in eckigen Klammern [ ].

S. 9 Das Ende des amerikanischen Optimismus?
Titel vom Hg. T nicht im Nachlass.
E = D: National-Zeitung, 4.11.1936, Nr. 514 (unter dem Titel »Amerika – Land der Optimisten?«). EB: »Jenseits von New York (JNY 1992). Ausgewählte Reportagen, Feuilletons und Fotografien 1936–1938«. Hg. von Roger Perret, Basel, Lenos Verlag 1992 (= Ausgewählte Werke. Hg. von Roger Perret, Bd. 4), S. 9–13.

S. 17 Amerikanische Landstrasse
T nicht im Nachlass.
E = D: National-Zeitung, 20.10.1936, Nr. 488.

S. 24 Jenseits von New York
T nicht im Nachlass.
E = D: Luzerner Tagblatt, 20.2.1937, Nr. 43. EB: »Auf der Schattenseite (AS 1990). Ausgewählte Reportagen, Feuilletons und Fotografien 1933–1942«, Basel, Lenos Verlag 1990 (= Ausgewählte Werke. Hg. von Roger Perret, Bd. 3), S. 135–137. N: JNY 1992, S. 33–36.

S. 29 Unbekanntes Washington
T nicht im Nachlass.
E = D: National-Zeitung, 11.11.1936, Nr. 526. EB: JNY 1992, S. 43–48.

S. 36 Die »eiserne Stadt« Amerikas
T nicht im Nachlass.
E = D: Die Weltwoche, 26.3.1937, Nr. 176. EB: AS 1990, S. 138–143. Siehe die Fotografien Nr. 2–12, 14.

S. 44 Die Reise nach Pittsburgh
T nicht im Nachlass.
E = D: National-Zeitung, 7.4.1937, Nr. 157; 8.4.1937, Nr. 159. EB: JNY 1992, S. 49–61. Siehe die Fotografien Nr. 2–12, 14.

S. 149 Knoxville, Chattanooga, Monteagle. Notizen
Titel und Untertitel vom Hg. M [Tagebuch] = D, 4.–6.11.1937, 20 S. Auszug. Siehe die Fotografien Nr. 16–28.

S. 152 Auf der Schattenseite von Knoxville
T nicht im Nachlass.
E = D: National-Zeitung, 16.12.1937, Nr. 585 (zweiter Artikel der fünfteiligen Serie »Dixie Line – der Weg des amerikanischen Südens«. National-Zeitung, 30.11.1937–25.1.1938). EB: AS 1990, S. 169–172. N: JNY 1992, S. 81–85. Siehe die Fotografien Nr. 16–28.

S. 158 Holzfäller, Bergarbeiter, Bauern – und ein Farmhaus in den Bergen von Tennessee
T = D, [November 1937]. Anderer, hs. Titel von A. S.: »Ein Farmhaus und die Arbeiter und Farmer der Tennessee Berge«.
E: ABC, 9.12.1937, Nr. 43 (unter dem Titel »Unbekanntes Amerika. ›Holzfäller, Bergarbeiter, Bauern – und ein Farmhaus in den Bergen von Tennessee‹«). EB: AS 1990, S. 151–158. N: JNY 1992, S. 91–101.

S. 169 Wie lebt Aline Bryant, Textilarbeiterin?
Titel vom Hg. T = D, [November 1937].
Titel von A. S.: »Wie lebt Aline Bryant, Textilarbeiterin im amerikanischen Südstaat Tennessee?« E: ABC, 25.3.1938, Nr. 6 (unter dem Titel »So kämpft Miss Bryant«). EB: JNY 1992, S. 102–106.

S. 174 In den Cumberland-Bergen
Titel vom Hg. T nicht im Nachlass.
E = D: National-Zeitung, 30.12.1937, Nr. 607 (unter dem Titel »In den Cumberland-Bergen wird gejasst«. Dritter Artikel der fünfteiligen Serie »Dixie Line – der Weg des amerikanischen Südens«. National-Zeitung, 30.11.1937–25.1.1938). EB: JNY 1992, S. 107–113. Siehe die Fotografien Nr. 32–33, 38.

S. 182 Chattanooga, Birmingham, Siluria, Montgomery, Tuskegee, Columbus. Notizen
Titel vom Hg. M [Tagebuch] = D, 11.–13.11.1937, 3 S. Siehe die Fotografien Nr. 39–53.

S. 185 Die Stadt des unaufhörlichen Versprechens
T = D, [November/Dezember 1937].
E: National-Zeitung, 17.1.1938, Nr. 27 (vierter Artikel der fünfteiligen Serie »Dixie Line – der Weg des amerikanischen Südens«. National-Zeitung, 30.11.1937–25.1.1938). Siehe die Fotografien Nr. 39–42.

S. 191 Baumwollkrise in Alabama
Titel vom Hg. T nicht im Nachlass.
E = D: National-Zeitung, 25.1.1938, Nr. 41 (unter dem Titel »Baumwoll-Gürtel«. Fünfter Artikel der fünfteiligen Serie »Dixie Line – der Weg des amerikanischen Südens«. National-Zeitung, 30.11.1937–25.1.1938). EB: JNY 1992, S. 86–90. Siehe die Fotografien Nr. 39–42.

S. 197 Fabrikschlote und feine Leute in Georgia
T nicht im Nachlass.
E = D: A-Z Arbeiter Zeitung [Basler Arbeiter Zeitung], 19./20.4.1938.

S. 206 Lumberton. Notizen
Untertitel vom Hg. T = D, [November 1937], 6 S. Zum Umkreis dieses Textes gehören weitere hs. und ms. Notizen. E: JNY 1992, S. 114–123. Siehe die Fotografien Nr. 66–69.

S. 217 Streik in Lumberton
T nicht im Nachlass.
E = D: ABC, 17.2.1938, Nr. 1 (unter dem Titel »Streik in Lumberton, North Carolina«).
EB: AS 1990, S. 164–168. N: JNY 1992, S. 124–130. Siehe die Fotografien Nr. 66–69.

S. 225 Cincinnati. Eine normale amerikanische Stadt. Notizen
M = D, [um Februar 1938], 4 S. Auszug. Siehe die Fotografien Nr. 72–81.

S. 231 »... um die Ehre der amerikanischen Südstaaten«
T = D, [um Januar 1938].
E: Die Weltwoche, 15.4.1938, Nr. 231. EB: AS 1990, S. 173–178. N: JNY 1992, S. 149–156. Siehe die Fotografien Nr. 15–69.

Bildnachweis

1. Umschlagseite: Annemarie Schwarzenbach: Bei Columbus, Georgia, November 1937. Schweizerische Nationalbibliothek, SLA-Schwarzenbach-A-5-11/062.

4. Umschlagseite: Annemarie Schwarzenbach: Manhattan, New York, 1936–1938. Schweizerische Nationalbibliothek, SLA-Schwarzenbach-A-5-11/310.

2 Barbara Wright: Annemarie Schwarzenbach und vermutlich der Aktivist Myles Horton in Tennessee, November 1937. Library of Congress Prints and Photographs Division Washington, D.C. 20540, Farm Security Administration – Office of War Information Photograph Collection, LC-USW3- 056976-E [P&P].

Ausgewählte Fotografien (1–82): Die Fotografien wurden dem Bildnachlass im Schweizerischen Literaturarchiv entnommen. Er ist seit 2017 frei verfügbar auf https://commons.wikimedia.org/wiki/Category:CH-NB-Annemarie_Schwarzenbach.

Zur Edition

Die Texte dieses Bandes stammen einerseits aus dem Nachlass Annemarie Schwarzenbach (A. S.) im Schweizerischen Literaturarchiv (SLA) in Bern, anderseits aus Zeitungen, für die A. S. geschrieben hat. Da die Autorin ihre Amerika-Artikel zu verschiedenen Zeitpunkten in verschiedenen Zeitungen veröffentlichte, konnte sie ein bestimmtes Thema mehr als einmal zur Sprache bringen. Dies führte bei einigen der für diesen Band ausgewählten Texte zu gewissen thematischen Überschneidungen. Drei Texte wurden deshalb leicht gekürzt; die Kürzungen werden mit [...] bezeichnet. Durch den ungekürzten Abdruck von »Die ›eiserne Stadt‹ Amerikas« und »Die Reise nach Pittsburgh« kann jedoch gezeigt werden, wie A. S. das gleiche Thema journalistisch unterschiedlich dargestellt hat. Mit Ausnahme einer Arbeit werden die tagebuchartigen Notizen in Auszügen publiziert. Es wurden nur solche Passagen ausgewählt, die in sich geschlossen und zum Beispiel nicht nur eine Ansammlung von Stichworten und Zitaten sind.

Die Druckfassungen der Texte wurden, wenn möglich, nach Manu- und Typoskripten erstellt. Druckvorlage für die übrigen Artikel sind die in den Zeitungen und Zeitschriften publizierten Versionen. Offensichtliche Fehler und ungenaue englischsprachige Bezeichnungen für Organisationen, Firmen, Örtlichkeiten usw. wurden zum besseren Verständnis korrigiert. Die in den »Notizen« von der Autorin verwendeten Abkürzungen werden ausgeschrieben. Alle Ergänzungen durch den Herausgeber stehen in eckigen

Klammern [ ]. Hervorhebungen wie Sperren und Unterstreichen werden *kursiv* wiedergegeben.

Die Briefe an Arnold Kübler, Otto Kleiber und Klaus Mann sind ungekürzt und möglichst originalgetreu gedruckt. Die Form der Druckvorlage und der Standort der in der Auswahl berücksichtigten Schreiben werden in den Anmerkungen zu den Briefen erwähnt. Mit Ausnahme des Schreibens an Klaus Mann sind sie unveröffentlicht. Ein offensichtlicher Fehler oder Verschrieb wird in eckigen Klammern [ ] berichtigt.

Die Fotografien wurden dem Bildnachlass im Schweizerischen Literaturarchiv entnommen. Er ist seit 2017 frei verfügbar auf https://commons.wikimedia.org/wiki/Category:CH-NB-Annemarie_Schwarzenbach. Die Legenden zu den Aufnahmen beruhen auf den Angaben von A. S. und auf Erwähnungen der von ihr besuchten bzw. fotografisch dokumentierten Örtlichkeiten in den hier gesammelten Texten.

Der Herausgeber

Zur Neuausgabe

Seit dem 15. November 2017, dem 75. Todestag von Annemarie Schwarzenbach (A. S.), sind die (Reise-)Fotografien aus ihrem Bildnachlass im Schweizerischen Literaturarchiv (SLA) in Bern online verfügbar. Aus diesem Anlass wird die vorliegende, 1992 erstmals erschienene Ausgabe in veränderter und erweiterter Form veröffentlicht.

Die grundsätzliche Gliederung der Texte wurde beibehalten, jedoch um einige neue, zum Teil unpublizierte Arbeiten ergänzt. Weggelassen wurde der Artikel »Papiermühlen und kleine Farmen in Maine«. Im Gegensatz zur Erstausgabe werden die Texte möglichst in chronologischer Reihenfolge hinsichtlich der beiden Reportagefahrten 1936/1937 und 1937/1938 präsentiert.

Diese Gliederung gilt auch für die ausgewählten Fotografien. Es sind fast doppelt so viele Aufnahmen wie in der Originalausgabe. Einige dort publizierte Fotografien wurden ausgeschieden. Ein paar der neu hinzugefügten sind in Buchform unveröffentlicht.

Im Anhang I werden ausgewählte Briefe an Arnold Kübler und Otto Kleiber, Redaktoren der »Zürcher Illustrierten« und der »National-Zeitung«, sowie an den mit A. S. befreundeten Schriftsteller Klaus Mann gedruckt, ebenfalls chronologisch geordnet. Mit beiden Medien hat A. S. jahrelang zusammengearbeitet und dort die meisten während der beiden Amerikareisen 1936–1938 verfassten (Foto-) Reportagen veröffentlicht. Die Schreiben gehören zu den fast einzig erhaltenen, betreffend die zwei Reportagefahrten relevanten Zeugnissen. Sie sind eine wichtige Ergänzung zu den Texten und informieren über den Alltag und Hintergrund der journalistischen Arbeit wie über die manchmal schwierige Zusammenarbeit mit den beiden Medien. Gleichzeitig offenbaren die Briefe ein durch die Arbeit in den USA gewonnenes neues journalistisches Selbstverständnis.

Die Präsentation der teilweise neu aufgenommenen tagebuchartigen Notizen – Vorstufe und Hintergrundinformation von einigen der hier vorgestellten journalistischen Arbeiten –, der ausformulierten Texte, Briefe und Fotografien ermöglicht es, unbekannte Aspekte der beiden Amerikareisen zu entdecken. Durch die unterschiedlichen Verarbeitungs- und Darstellungsformen werden diese Reportagefahrten umfassend und neu dokumentiert, mit einem besonderen Augenmerk auf gewisse Zusammenhänge zwischen den erwähnten verschiedenen Text- und Bildmedien.

Das Nachwort inkl. Anmerkungen des Herausgebers wurde leicht überarbeitet und gekürzt um den Teil mit den heute etwas didaktisch anmutenden Bildbeschreibungen. Ergänzt und aktualisiert wurden der Quellennachweis und der Editionsbericht, während die »Anmerkungen zu den Fotografien« gestrichen wurden.

Zürich, August 2018 *Roger Perret*